技工院校公共基础选修课程教材

现代企业管理

（第三版）

主　　编　单　伟

编写人员　时　悦　赵唯至

中国劳动社会保障出版社

图书在版编目（CIP）数据

现代企业管理 / 单伟主编 . --3 版 . -- 北京 : 中国劳动社会保障出版社，2024. --（技工院校公共基础选修课程教材）. -- ISBN 978-7-5167-6667-5

Ⅰ. F272

中国国家版本馆 CIP 数据核字第 202424DS47 号

中国劳动社会保障出版社出版发行

（北京市惠新东街 1 号　邮政编码：100029）

*

北京市鑫霸印务有限公司印刷装订　　新华书店经销

787 毫米 ×1092 毫米　16 开本　11.5 印张　252 千字

2024 年 11 月第 3 版　　2024 年 11 月第 1 次印刷

定价：21.00 元

营销中心电话：400-606-6496

出版社网址：https://www.class.com.cn

https://jg.class.com.cn

前　言

在当今经济发展加速、市场竞争日趋激烈的环境下，为了让技工院校学生们能够通过浅显易懂的方式迅速领会现代企业管理的精髓，并为学生们搭建起理论知识与实际操作之间的桥梁，本教材立足当前及未来管理的挑战和机遇，旨在为学生们提供一个了解和思考企业在新时代背景下如何发展的视角。教材内容涵盖企业管理概论、企业管理体制与组织管理、企业战略管理、市场营销与服务管理、供应链管理、生产与运作管理、质量管理、企业资源管理、企业行政管理、企业文化与责任等管理关键环节，力求展现时代性、前沿性、实用性、权威性和通俗性。

时代性。本教材在内容编写和案例选择上以党的二十大精神为指引，紧跟当前经济、社会和技术发展的最新趋势，并融合了国内外最新的管理思想和实践。

前沿性。本教材内容涵盖了管理学界的最新研究成果和趋势，包括创新的管理理论和工具，并深入探讨了现代先进思想和技术在管理领域的实际应用。

实用性。本教材不仅引入了大量中国营商环境中的企业案例，还对这些案例进行了详尽的分析解释，引导学生跟随案例分析思考，鼓励学生将所学知识应用于实际工作场景，注重培养学生解决问题的能力。

权威性。本教材结合技工教育的特点，在编写过程中综合参考了国内外相关研究领域的权威理论和文献，力求为学生提供逻辑严密、体系完整的管理学指南。

通俗性。本教材通过简明扼要的语言和生动的案例分析，将枯燥的理论知识转化为引人入胜的故事和实际操作的步骤，避免了过于学术化的表达，能够提高学生的学习兴趣和效率，帮助学生在轻松的学习氛围中吸收管理学知识。

因此，本教材强调理论和实践的结合，不仅是一本传授管理知识的教材，更是一本集常用管理案例集、使用工具包和方法指南于一体的综合性读物，希望学生可以在未来的职场上随时应用和参考。

本教材由单伟担任主编，其中第一章至第六章由时悦编写，第七章至第十章由赵唯至编写，全书由单伟统稿。由于水平有限，书中难免有疏漏和不妥之处，敬请广大师生在使用过程中提出宝贵意见，以便我们今后加以改进。请将相关意见和建议反馈至邮箱：ggk@class.com.cn。

目 录

Contents

第十章　企业文化与责任

第一章

企业管理概论

欢迎踏入企业管理的世界，作为本书的开篇章节，我们将一起探索管理学的奥秘。本章覆盖从理论基础到实践应用的全过程。我们将讲解计划、组织、领导和控制这四大管理核心职能的要义，并分析它们如何共同作用于企业。此外，我们还将讨论影响当代企业战略和文化的现代管理思想，并揭示管理学是如何在不断变化的商业环境中进化的。本章不仅旨在铺垫后续章节的深入学习，也希望启发你认识到管理的重要性和实用价值。

第一节 管理概述

学习目标

- 1. 掌握管理的概念。
- 2. 了解企业进行管理的必要性。
- 3. 了解管理者应具备的能力。

一、管理的概念

1. 管理成功的标准：实现组织目标

在管理学中，组织目标是指组织希望达到的成就或者最终结果。管理的成败通常根据组织是否能够实现其既定目标来评价。想象一下，如果一个足球队明确设定了本赛季夺冠的目标，并且通过队员们的拼搏和教练的策略，最终真的赢得了赛季冠军，那么我们可以说，这支球队的管理是成功的。所以，如果一个组织设立了明确的短期和长期目标，并且通过管理者和员工的共同努力实现了这些目标，那么这个组织的管理就被认为是成功的。

2. 管理的舞台：特定的时空背景

特定的时空指的是管理行为发生的特定时间和空间环境。就像一部戏剧需要在特定的舞台和背景下上演，管理也总是在一定的历史背景和具体环境中进行的。例如，一家百年老店在面临现代电子商务的挑战时，必须对其管理策略进行调整，以适应新的市场需求。因为时空条件对管理决策、策略制定等都有着重要影响，抛开时空背景谈管理是不切实际的。

3. 管理的核心：人的行为

管理活动的核心是人及其行为，包括管理者和被管理者的行为。有效的管理策略会尊重每个员工的独特性，并通过各种激励手段鼓励他们为企业共同的目标而努力。

4. 管理的本质：资源协调

管理的本质活动是协调，其任务是确保人力、资金、物资和信息等资源在组织内部和谐高效地运作，以实现既定的目标。例如，在组织一场音乐节时，成功的管理意味着必须妥善协调文艺工作者的安排、资金的筹集、场地的准备、观众的组织等环节，以确保活动顺利进行。

二、管理的必要性

1. 确保资源不被浪费

管理可以确保企业资源不被浪费，每一分钱、每一个人、每一件物都被用于实现组织的目标。例如，对于一家餐饮企业而言，通过精细化管理，可以确定哪些菜品受欢迎，进而优化菜单和食材采购，最终使得食物不被浪费并增加销售量，同时还能提高顾客的满意度。

2. 促进工作效率提高

优秀的管理可以通过优化流程、培训员工等策略提升工作效率。例如，企业可以通过为工人提供培训和优化生产流程，使生产线上的工人能在一小时内生产出更多的优质产品。

3. 用管理创新应对变化

在商海中不变的只有变化，管理能够使企业更好地适应外部环境的变化，如市场变动、技术革新等，从而始终保持竞争力。例如，数字化转型就是企业在互联网时代应对市场变化时最需要的管理策略，否则就会被竞争对手甩在后面。

拓展阅读

"坚持创新在我国现代化建设全局中的核心地位，把科技自立自强作为国家发展的战略支撑，面向世界科技前沿、面向经济主战场、面向国家重大需求、面向人民生命健康，深入实施科教兴国战略、人才强国战略、创新驱动发展战略，完善国家创新体系，加快建设科技强国。"

——《中共中央关于制定国民经济和社会发展第十四个五年规划和二〇三五年远景目标的建议》

4. 激励和发展员工

管理可以为员工提供个人职业成长和发展的机会，同时激发其潜力。优秀的管理者能识别员工的特长和兴趣，通过制订个性化的职业发展规划来激发他们的热情和潜力。

三、管理者的能力

1. 技术能力

技术能力主要涉及管理者在其专业领域内的知识与能力，包括但不限于财务管理、市场分析等专业技能。例如，一名互联网技术部门经理应具备软件开发知识和项目管理能力，以便有效领导技术团队。

2. 人际交往能力

人际交往能力指管理者在与他人交往时所展现出的能力，包括沟通、团队协作、领导和解决冲突的能力等。例如，一名优秀的部门经理应熟练掌握沟通技巧，能够建立并维护良好的团队氛围和协作关系，这不仅能够促进团队内部的和谐，还能显著提高工作效率。

3. 大局观和长远眼光

大局观和长远眼光反映为管理者进行抽象思维、分析问题以及制定长期战略的能力。这要求管理者能够从更广阔的视角审视问题，识别潜在的机会和风险。例如，企业的管理者要能够洞察市场动态，制定出符合企业长期发展的战略规划。

4. 决策能力

决策能力指的是管理者在面对复杂情境时，能够迅速且准确做出决策的能力。例如，在经济不确定或面对财务困难时，如何调整预算，决定成本削减的方向和幅度，是检验管理者决策能力的一个重要方面。

知识巩固

1. 管理成功的标准，管理的舞台、核心和本质是什么？

2. 企业为什么要进行管理？为什么学习管理学非常重要？

3. 一名优秀的管理者应具有哪些能力？

第二节 管理的职能

学习目标

- 1. 熟悉计划的概念和制订计划的意义，了解计划的不同类型和编制过程。
- 2. 熟悉组织的概念和发挥组织职能的步骤，了解传统组织原则和组织设计的六大要素。
- 3. 了解主要领导理论，掌握在企业中进行有效激励和沟通的方法。
- 4. 掌握控制、控制过程的基本概念，了解控制的 3 种主要类别。

计划、组织、领导和控制是管理的4项核心职能。这4项职能是管理工作的基石，关系到企业如何设定目标、配置资源、激励团队并确保目标的实现。

一、计划

1. 计划的概念

计划是企业未来行动的蓝图，具体内容涉及目标设定、所需资源的确定、实施步骤的规划以及时间框架的制定。计划职能是管理的首要职能。

2. 制订计划的意义

制订计划能够帮助组织明确未来的方向，合理安排资源，提高决策的质量和执行的效率，从而减少风险，增强预见性。企业制订计划的主要原因具体来说包括以下5项（见图1–2–1）。

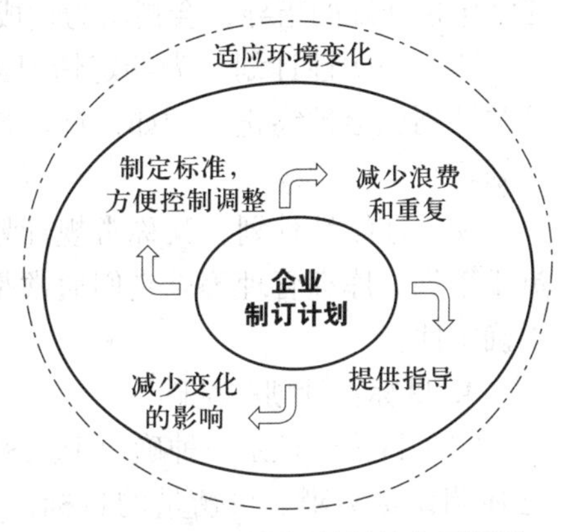

图1–2–1　企业制订计划的主要原因

（1）适应环境变化。由于商业环境变化迅速，计划可以帮助企业提前准备和适应这些变化，并保持竞争力。

（2）制定标准，方便控制调整。通过计划设定目标和标准，企业可以更容易地监控进度，及时调整策略，确保目标达成。

（3）减少浪费和重复。计划可以帮助企业有效分配资源，避免资源浪费和工作重复，提高效率。

（4）减少变化的影响。良好的计划可以预见到潜在的问题和变化，减轻这些因素对企业运营的负面影响。

（5）提供指导。计划为员工提供明确的工作指导和目标，促进团队协作，指引企业向预定目标前进。

3. 计划的类型

计划在企业管理中扮演着核心角色，常见的计划类型及其划分标准见表1–2–1。

表1–2–1　计划的类型及其划分标准

划分标准	计划的类型	
适用范围	战略计划	战术计划
时期性	长期计划	短期计划
特定性	指导性计划	专项计划
使用频率	一次性计划	连续性计划

（1）战略计划，涵盖整个企业，确定长期目标和方向。这类计划通常由高层管理者制订，目的是确保企业的总体发展方向与长期目标一致。

（2）战术计划，聚焦于企业的特定部门或单位，以具体实施战略计划。这类计划更具体，通常覆盖中期时限，如一年或两年，旨在将战略计划转化为具体的行动步骤。

（3）长期计划，通常覆盖 5 年以上的时间范围，涉及企业的长期发展目标和策略。长期计划对企业未来的发展方向有重大影响。

（4）短期计划，聚焦于一年或更短的期限，通常涉及日常操作和即时目标的实现。短期计划帮助企业适应快速变化的环境，并确保长期计划的逐步实施。

（5）指导性计划，提供总体方向和指导原则，而不是具体的行动步骤。它们具有一定的灵活性，可以根据实际情况调整行动方案。

（6）专项计划，针对特定活动或项目而设计，具有明确的目标和步骤。这些计划通常包括详细的指导，会指出为达成特定目标必须采取的具体行动。

（7）一次性计划，为特定情况或一次性事件而制订，一旦目标达成或事件结束，这类计划就会被终止。例如，针对特定项目的项目计划或为解决突发事件制订的应急计划。

（8）连续性计划，又称常规计划，这类计划通常针对经常发生的活动或操作，如员工培训、库存管理等。它们通常是标准化的，可以重复使用，以减少决策过程中的不确定性。

4. 目标：计划的基础

（1）目标管理是一种确保个人和团队的工作目标与组织整体目标一致的管理方式。它强调设定清晰、可衡量的目标，进行持续地跟踪和评估，并据此调整工作方向和方法。

在传统的目标设定中，目标通常由管理者决定，并层层传达给员工执行。但这些目标可能不够具体，也可能缺乏员工参与和反馈，有时会导致目标与员工的实际工作情况脱节（见图 1-2-2）。

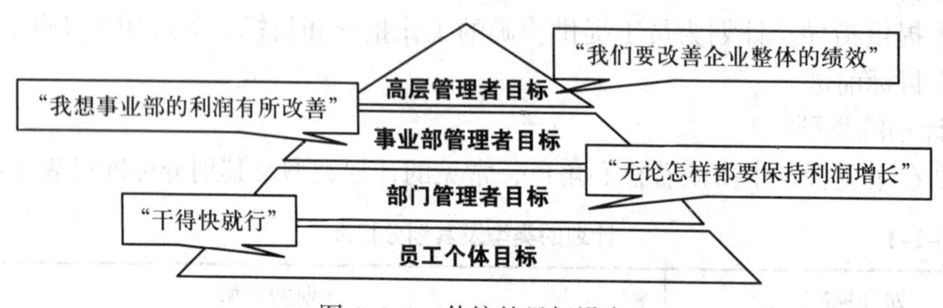

图 1-2-2　传统的目标设定

（2）目标设定。为防止目标与员工的实际工作情况脱节，管理者在设定目标时应遵循以下步骤。

1）回顾组织使命和员工的主要工作任务。明确组织的整体使命，确保设定的目标与使命和员工的核心任务相符合。

2）评估现有资源。考虑组织拥有的资源和能力，确保目标的实现是可行的。

3）逐一考虑其他投入后确定目标。在考虑了额外的投入（如时间、资金和人力）后，确定具体且实际的目标。

4）将目标传达给所有需要知道的员工。确保与目标相关的每个员工都明确了解所设定的目标，以便他们能够朝着这些目标努力。

5）建立反馈机制，评估目标的进展情况。定期收集反馈信息，以监控目标的实现程度，并在必要时进行调整。

6）报酬与目标挂钩。将员工的绩效评价和激励机制与目标的达成程度相联系，以增强员工实现目标的动力。

5. 计划的编制过程

有层次的计划编制过程能够有效指导组织将战略目标转化为实际行动，确保项目或组织的成功。学习和掌握这一过程，对于任何希望提高管理效率和决策质量的人来说都是至关重要的。计划的编制过程主要包括以下几个阶段。

（1）目标设定。明确组织或项目的长期目标和短期目标。这些目标应当是具体、可衡量的，并与整体战略相吻合，确保所有行动的方向。

（2）现状分析。分析当前的组织状况、市场环境以及内外部影响因素，为制订可行的计划奠定基础。

（3）方案制定。根据目标和现状分析的结果，制定实现目标的策略，选择方法。这包括挑选最优解、规划资源分配以及确定时间表。

（4）风险评估。评估计划执行过程中可能遇到的风险和挑战，并制定应对策略。这有助于提前预见问题，并在计划的早期阶段做好准备。

（5）计划具体化。将制订的计划具体化，分配具体任务和资源，确保每个团队成员都明白自己的责任和期望的结果。

（6）监控与调整。在实施过程中持续监控计划的进展情况，并与预先设定的目标进行比较。如遇偏差，及时调整策略或执行细节，确保计划可以顺利进行。

6. 计划的影响因素

（1）组织层级。不同层级的组织单位在计划的内容、深度和范围上有所不同。高层管理者通常制订宏观的战略计划，而中低层管理者则着重于具体的操作计划。

（2）环境不确定性。企业所处外部环境的稳定性和可预测性直接影响计划的制订。在不确定的环境中，计划可能需要更加灵活和更强的适应性。

（3）未来承诺的期限。计划的时效性影响计划的具体内容和重点。长期计划可能更注重未来发展和资源配置，而短期计划则更专注于即时的操作和成果。

二、组织

1. 组织的概念

组织是指为实现特定目标而设计的系统，其中包括人员、资源与流程的有序组合与协调。组织职能是管理的一种基本功能，涉及如何合理地配置和使用人力资源、物力资源以及信息资源，以确保企业能够有效地实现其目标和任务。组织职能主要包括设计一个合理的组织结构，并进行后续的管理和调整，以适应外部环境的变化和内部发展的需要。有效的组织能够确保企业资源得到最佳使用，同时激励成员朝着共同目标前进。

2. 发挥组织职能的步骤

（1）工作划分。根据组织目标和任务，将工作细分成具体的职责和活动，以便更加专业化和高效率地执行。

（2）建立部门。依据工作划分的结果，将相关的职责和活动组合成不同的部门或团队，确保资源共享和高效协作。

（3）决定管理幅度。确定每个管理者能有效管理的员工数量，幅度过大或过小都可能影响管理效果。

（4）确定职权关系。明确各级管理者和员工之间的上下级关系，以及他们的职权和责任，保证指令和信息的顺畅传递。

（5）不断修改和完善组织结构。在实际运作中，应持续评估组织结构的有效性，根据评估结果和外部变化不断调整和优化结构。

3. 传统组织原则

（1）层级原则。组织应该有明确的层级结构，每个层级拥有不同的管理职责，确保命令的有序下达和责任的明确。

（2）管理跨度原则。管理跨度应根据工作的复杂性和相互依赖程度来确定，恰当的管理跨度可以提高管理效率和响应速度。

（3）统一指挥原则。每个员工应只接受一个直接上级的指挥，避免命令的冲突和混淆，加强管理的效果。

（4）责权一致原则。责任与权力应当保持一致，即给予员工的权力应当与其承担的责任相匹配。

（5）适当授权原则。管理者应根据员工的能力和任务要求适当地授权，使决策更快速。

（6）经济原则。组织设计和运营应注重成本效益，尽量用最少的资源消耗实现最大的效益。

（7）分工与协作原则。通过合理的分工提高专业化水平，同时通过有效的协作机制来整合各专业领域的工作成果。

（8）执行与监督分离原则。执行和监督应该分由不同的人或部门负责，以确保监督的客观性和公正性。

（9）精简与效率原则。组织结构应尽量精简，减少不必要的层级和职能部门，提高整体运作的效率。

4. 组织设计的要素

组织设计的要素包括工作专门化、部门划分、职权和职责、管理幅度、集权与分权、正式化6项。

（1）工作专门化

工作专门化是指在组织中将复杂的工作分解成较小、较简单的任务单元，每个员工或部门专门负责完成特定任务。这种分工的主要目的是提高工作效率和生产力，因为专门化允许员工专注于他们擅长的特定技能或活动，通过重复实践提高熟练度。例如，制造业中的流水线生产便是工作专门化的一种体现，每位工人只专注于生产过程中的一个小步骤。然而，工作专门化也存在潜在的缺点，例如，员工可能会感到工作单调乏味，从而影响他们的工作满意度和整体生产效率。

（2）部门划分

1）按职能划分，即基于组织内部不同功能的需要将组织分割成不同部门。这种划分方式使得具有相似技能和工作类型的人聚集在一起，有助于提高效率。按职能划分的组织结构通常清晰明了，易于管理，但它可能导致部门间沟通和协作的障碍。

2）按产品划分，即根据企业提供的不同产品或服务来建立部门。每个产品（或产品线）部门都拥有自己的生产、销售和研发团队。这种方式适用于生产多样化产品的企业，因为它能够使每个部门集中资源，专注于提高其产品的竞争力。

3）按顾客划分，即基于不同顾客群体的需求和特性来组织部门。这种方式确保企业能为不同类型的顾客提供定制化服务。

4）按地区划分，即根据地理位置来组织部门。对于跨国公司来说，这种方式能够确保各地区的特定需求和市场条件都能迅速得到考虑和响应。每个地区部门专门负责该地区的业务运营，而且在某种程度上享有决策的自主权。

5）按流程划分，即基于公司内部的工作流程或生产流程来划分部门。这种组织方式注重流程的优化和效率，通常适用于那些流程复杂、需要密切协作的企业。

部门划分的标准和典型样例见表 1–2–2。

表 1–2–2　　部门划分的标准和典型样例

划分标准	典型样例
职能	人力资源部、财务部、市场营销部、研发部等
产品	智能手机部、笔记本电脑部、智能电视部、智能手表部等
顾客	批发部、零售部等
地区	东北区域部、华北区域部、华东区域部、中南区域部、西北区域部、西南区域部等
流程	设计部、生产部、检验部、销售部等

（3）职权与职责

职权是指个人或部门为了履行其职责而被授权采取行动的权力，而职责是指个人或部门应该完成的责任。在有效的组织中，职权和职责必须相匹配，即每个人或部门被授予足够的权力来完成其职责。明确的职权和职责设定能够提高决策效率，减少冲突，确保目标的达成。

（4）管理幅度

管理幅度指的是一个管理者可以有效管理直接下属的数量。它可以影响组织结构的形状，即组织是扁平的还是高耸的（见图 1–2–3）。

较宽的管理幅度意味着更少的管理层次，能促进更快的决策和沟通，但也可能导致管理者过多。较窄的管理幅度会增加管理层次，可能导致决策延误和沟通不畅。合适的管理幅度取决于工作的复杂性、员工的自律性及组织文化等因素。

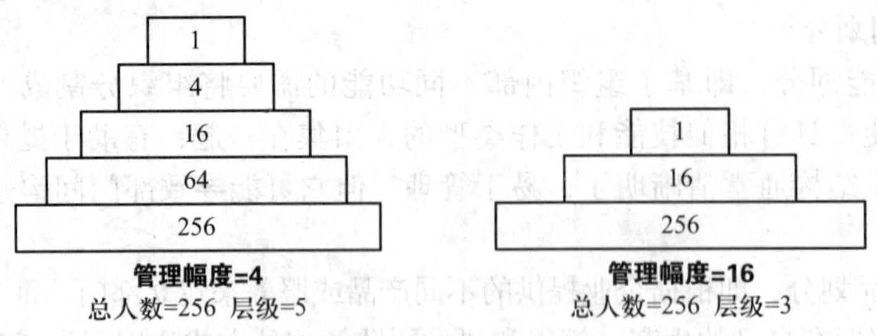

图 1-2-3　受管理幅度影响的组织结构形状

（5）集权与分权

集权与分权描述的是决策权在组织中的分配方式，选择集中还是分散的决策权取决于组织的战略、规模、文化和行业特性。

在集权系统中，重要的决策权主要集中在高层管理者手中，这可能使决策更加一致和高效，但也可能减慢响应速度，并降低一线员工的动力。

相反，分权系统下，各个层级的管理者和员工被赋予决策权，这增强了组织的灵活性和对外部环境的适应性，但也可能导致决策不一致和管理控制的放松。

（6）正式化

正式化是指在组织中制定并遵循正式规则、流程、程序和标准的程度。高度正式化的组织有明确的工作说明书、规范的操作流程和严格的规则，这些规则旨在确保一致性、预测性和公平性。然而，过度的正式化可能抑制创新和灵活性，影响组织快速适应环境变化的能力。因此，组织需要在规范行为和促进灵活性之间找到合适的平衡点。

三、领导

1. 领导的概念

领导通常被定义为影响、指导或引导他人，以共同完成目标的过程。领导不仅仅是指挥他人做事，更重要的是激发跟随者的潜能，使他们愿意共同努力以实现目标。好的领导者不仅通过权威或命令行事，还通过榜样作用、个人魅力、沟通技巧等来影响他人。

拓展阅读

领导者的特质

领导者的特质理论认为有些特定的个性特征能使某些人成为有效的领导者，表 1-2-3 简要概括了 8 种与有效领导行为相关的特质。需要注意的是，并不是所有领导者都具有相同的个性特质，而且个性特质也不是唯一决定领导效能的因素。

表 1-2-3　领导者的 8 种特质

个性特质	相关说明
进取心	上进的领导者倾向于主动寻求新的机遇，他们勇于承担风险并且具备高度的动力和热情，以推动自己和组织不断发展
领导欲望	指有着强烈的驱动力去指导和影响他人，以达成共同的目标和愿景，表现出强烈的责任感和使命感
正直诚实	诚实是建立和维护信任的基石，领导者通过正直和诚实的行为可以在上下级间建立信任关系，并为团队树立道德榜样
自信	领导者对自己的判断和能力充满信心，这种自信有助于在困难和挑战面前保持决断力和韧性
才智	包括问题解决能力、创新思维能力和学习能力。高才智的领导者能够有效地分析情况，做出明智的决策，并适应快速变化的环境
专业知识	领导者需要在他们领导的领域或行业内具备深厚的知识和技能，使他们能够做出有根据的决策，并赢得团队成员的尊敬
外向	通常表现为善于社交和沟通。外向的领导者能够有效地与人交流，激励和影响他人
内疚倾向	内疚倾向实际上指的是领导者对自己行为的责任感，即他们在犯错时会感到内疚，从而驱动自己修正错误并不断改进

2. 主要领导理论

（1）情境领导理论。该理论强调领导效能取决于特定情境或环境中的行为适应性，表 1-2-4 给出了 4 种具体的领导风格。该理论认为，并不存在一种单一的最佳领导风格可以适应所有情况，领导者应该根据具体情境（如员工的能力和工作动机、所从事工作的特性等）来调整他们的风格，表 1-2-5 给出了员工成熟度的 4 个阶段。例如，新手员工可能需要更多的指导和监督，而经验丰富的员工可能需要更多的自主和鼓励。

表 1-2-4　4 种具体的领导风格

领导风格	表现
告知式（高任务—低关系）	领导者直接给员工定位，下达具体的任务内容、时间期限、实现方法等
推销式（高任务—高关系）	领导者仅为员工提供指导和情感支持
参与式（低任务—高关系）	领导者与员工共同制定决策，领导者承担更多支持员工和沟通的工作
授权式（低任务—低关系）	领导者提供极少量的指导和支持，给予员工极大的自由度

表 1–2–5 员工成熟度的 4 个阶段

成熟度的阶段	表现	建议领导风格
阶段一	员工缺乏承担职责的能力和意愿	告知式
阶段二	员工愿意承担工作任务，但缺乏相关能力	推销式
阶段三	员工有能力但不愿承担领导者所要求的工作	参与式
阶段四	员工既有能力又有较高的工作积极性	授权式

（2）路径—目标理论。该理论假设领导者的作用是为追随者清晰地指出达到目标的路径，并通过提供奖励或激励来增强他们达到目标的动机，如图 1–2–4 所示。该理论建议领导者根据员工的个性特点和工作环境来调整其领导方式。

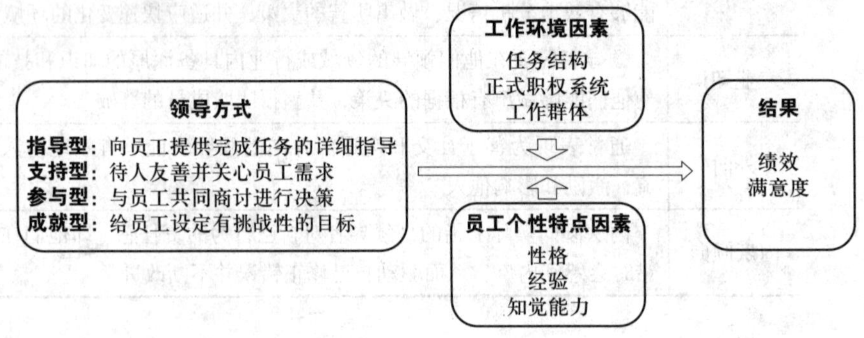

图 1–2–4 路径—目标理论

3. 组织中的激励

（1）工作特征模型，该模型认为，工作的特征会影响员工的工作满意度、动机和生产力。这些特征包括技能的多样性、工作的完整性（完成整体的工作而不是仅仅完成一部分）、任务的重要性、完成工作过程中的自主性和反馈。

例如，当一个员工负责的工作包含从开始到完成的整个过程，并对最终结果负责时，他的工作身份感和责任感就会提高，从而提升激励水平。一个工作设计得当的职位会提高员工的内在动机，使他们在工作中实现自我价值。

（2）公平理论，该理论认为，个体将自己和他人的努力与报酬进行比较，当感觉到不公平时，可能导致动力减少和不满情绪增加。公平可以分为分配公平和程序公平。分配公平关注结果的分配是否公正，而程序公平关注决策过程是否透明和公平。

例如，当员工发现自己与其他相同工作表现的同事相比报酬较低时，可能会感到不满，从而影响他的工作态度和绩效。

4. 组织中的沟通

（1）沟通过程，包括信息发送者、信息、媒介、信息接收者和反馈（见图 1–2–5）。信息发送者首先需要确定信息和意图，然后选择合适的媒介（如电子邮件、面对面交流、电话会议等）来传递信息。信息在传递过程中可能受到各种噪声和障碍的干扰。

信息接收者接收信息，并根据自己的理解提供反馈。有效的沟通需要信息发送者和信息接收者之间有良好的相互理解和反馈机制。

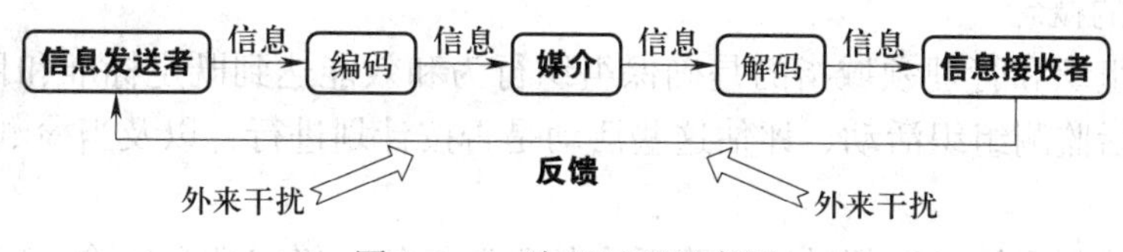

图 1-2-5 沟通过程示意图

（2）我们简要地概括了有效沟通的障碍，见表 1-2-6。

表 1-2-6 有效沟通的障碍

障碍	相关说明
过滤	信息在传递过程中被有意或无意地删减或修改，使信息接收者得到的信息不完整或与原意不符
选择性感知	信息接收者根据自己的需要、经验或期望来选择性地解读信息，可能会忽略或曲解与自己观点不一致的信息
信息过载	当接收到的信息量超过个人能够处理的信息量时，可能导致重要信息被忽视，或者决策和沟通的效率降低
情绪	情绪状态，如愤怒、悲伤或极度兴奋，可能影响信息的接收和解释，影响清晰思考和有效沟通
语言	词汇选择、语言风格和方言差异等都可能导致对信息的误解。即使使用相同的语言，不同的表达方式也可能成为沟通的障碍

（3）克服沟通障碍的有效途径，见表 1-2-7。

表 1-2-7 克服沟通障碍的有效途径

沟通建议	相关说明
运用反馈	通过反馈确认或澄清信息内容，及时纠正误解和澄清不明确的地方
简化语言	使用清晰、简洁和易于理解的语言，避免使用行业术语、复杂的词汇或冗长的句子，以减少误解的可能性
积极倾听	不急于下结论或做解释，在听取完整的信息后再做出反应
克制情绪	认识并管理自己的情绪，情绪激动时可以适当暂停沟通，等待情绪平复后再进行沟通
注意非语言信息	身体语言、面部表情、语调和眼神等非语言信息在沟通中占有重要地位，应保持言行一致

四、控制

1. 控制的概念

控制在组织和管理领域指的是确保组织行为和效能达到既定标准和目标的过程。控制职能包括监测组织活动、评估这些活动是否按计划进行，以及当检测到差异时实施纠正。

有效的控制系统可以帮助组织降低内外部环境的不确定性和风险，确保资源的合理利用，并持续改进和优化组织运作。控制不仅限于事后的检查和纠正，而且涉及预防措施和动态调整。

2. 控制过程

控制过程通常包括以下 4 个基本步骤。

（1）设定标准。在控制过程开始时，需要确定一些用于比较和评估绩效的准则或标准。

（2）测量绩效。实际绩效需通过观察或使用其他评估工具进行测量，以便和既定标准进行比较。

（3）比较绩效。将实际绩效与标准进行对比，以确定是否存在差异，即是否达到了目标或标准。

（4）采取行动。如果测量结果与标准不符，则需要采取行动进行纠正。这可能包括调整行动计划，改善工作方法，或对标准本身进行重新评估。

3. 控制的分类

控制可以根据控制活动的时间点来分类，通常分为前馈控制、同步控制和反馈控制。

（1）前馈控制，又称预控制，是在活动开始前进行的控制，其主要目的是通过提前识别潜在的问题和差异，防止问题的发生。它是最及时的控制形式，可以在输入阶段实施，如对原料的质量检验，确保原料在生产过程开始前符合质量标准。在管理过程中，前馈控制常用于规划阶段的预算编制、资源配置和政策制定等。

（2）同步控制，即实时控制，是在组织活动进行时，实时监控和调整的过程。这种控制方式和车辆驾驶时不断调整转向盘保持平稳行驶类似，它通过不断地监控正在进行的活动来对策略和执行方式做出及时的调整。同步控制依赖于实时的数据，充分利用信息技术可以大大提高这种控制方式的有效性。

（3）反馈控制，发生在行为或过程的输出阶段，即在一个活动完成后进行。它关注结果，确定组织是否达到了既定的目标或标准。如果存在偏差，基于反馈数据可以对未来的行为进行调整。虽然反馈控制不能更改已经发生的结果，但它对改进未来的行动计划和制度是至关重要的，有助于学习和持续改进。反馈控制的例子包括财务报表的分析、市场销售数据的监测等。

知识巩固

1. 管理者在设定目标时应遵循的步骤有哪些？影响计划的因素有哪些？

2. 如何发挥组织职能？请讲一讲根据传统的组织原则，你能发现生活中存在哪些因为组织不当而导致的问题。

3. 请简述情境领导理论和路径—目标理论的特点，并尝试比较两种理论的异同。

4. 根据控制活动的时间点，控制可以分为哪几种？

第三节 现代管理主要思想

学习目标

- 1. 掌握现代管理理论的基本概念，了解各类现代管理思想的发展历史。
- 2. 了解不同管理理论的优势和局限性。

一、科学管理与古典管理

1. 科学管理理论

科学管理理论是由弗雷德里克·泰勒（Frederick W. Taylor）在20世纪初提出的，旨在通过分析和规范工作流程，以达到提高效率的目的。泰勒主张利用科学方法研究工作过程，确定最优的工作方法，并通过时间和动作研究来分解每项工作，制定详细的操作规程。科学管理还强调对工人进行选择、培训和发展，并提出了用差异化的工资激励系统来奖励高效工作。泰勒将管理者和工人的职责区分开来，主张管理者应负责计划和设计，而工人则负责执行。

案例分析

某大型快餐企业的科学管理方法

某知名快餐企业的成功，在很大程度上可以归功于其对科学管理理论的应用。

首先，该企业通过标准化产品和服务流程实现了高效率。每一款汉堡包、每一杯饮料，乃至每个服务步骤（如汉堡包的烹饪时间、食材的摆放顺序等），都有明确的标准操作程序。这种方法确保了无论顾客在哪个国家的哪家餐厅用餐，都能享受到几乎一样的食品质量和服务体验。标准化减少了员工操作的差异性，加快了服务速度，提升了客户满意度。

其次，科学管理理论的另一个关键点是工作分化和专业化。在该企业，工作任务被划分得非常细致，从前台接单、制作食物到清洁工作，每个员工都有明确的职责分工。这种分工使得员工能够专注于他们的具体任务，提高了工作效率和效果。

另外，该企业还利用科技和设备来提高工作效率，比如使用自动点餐机减少排队时间，使用高效的厨房设备确保食物快速制作。这些做法都体现了科学管理理论中通过技术和工具优化工作流程的理念。

2. 古典管理理论

古典管理理论更侧重于组织结构的设计和优化。它关注如何设计和管理一个组织，以便更有效地实现既定的目标。内部结构、职能分化、职位形成和层级链条都是组织管理理论探讨的范畴。理论中还包含了权威划分、控制机制和决策流程等方面。亨利·法约尔（Henri Fayol）是该理论的代表人物之一，他提出了管理的5项基本职能：计划、组织、命令、协调和控制。

拓展阅读

霍桑实验对管理思想的影响

霍桑实验是20世纪20年代中期至30年代初期在美国西电公司的霍桑工厂进行的一系列社会科学实验。实验最初旨在研究工作环境

（如照明、工作时间和休息时间）对员工生产效率的影响。令人意外的是，几乎所有改变都会导致生产效率的提高，即使是将照明光线调暗。后续的研究揭示了社会因素和员工关注度对生产效率的显著影响，即“霍桑效应”。

霍桑实验的发现在管理理论历史上是一个转折点，它不仅挑战了科学管理理论，也与古典管理理论形成了鲜明的对比。相较于科学管理理论的“工作科学化”和古典管理理论的“结构效率”，霍桑实验强调了人的因素在管理中的重要性。这个发现促使后来的管理理论更加关注于员工的需求、动机和人际关系，为现代管理理论中的人本管理思想奠定了基础。

简单来说，霍桑实验提示我们，管理不仅是任务和结构的问题，更是关于人的问题。

二、过程管理

1. 组织效率原理

组织效率原理旨在分析和改进组织的工作流程，以获得最大程度的效率和生产力。这涉及优化工作流程、减少浪费、提升资源利用效率和改善过程设计。过程管理强调持续的流程改进和质量控制，以便为顾客提供更好的服务或产品，并以此作为组织竞争力的来源。

2. 有机职能原理

有机职能原理与经典的官僚体制和层级结构相对立，强调更为灵活和自适应的组织结构。在有机职能模型中，通信更加自由，控制更为松散，员工的角色和职责更为流动。该原理认为，组织要在不断变化的环境中生存和发展，需要能够迅速应对外部的变化和内部的创新。

三、行为管理

1. 需求层次理论

由亚伯拉罕·马斯洛（Abraham H. Maslow）提出的需求层次理论认为人类的需求按层次结构排列，具体需求内容如图 1-3-1 所示。根据该理论，只有当较低层次的需求得到满足后，个人才会寻求满足更高层次的需求。在管理中，理解这一理论可以帮助提升员工的动机和满意度。

例如，企业为了提升员工的满意度和留住人才，可以提供充足的薪水（生理需求）、医疗保险和退休计划（安全需求）、团队活动（社交需求）、晋升机会（尊重需求）和个人职业发展机会（自我实现）等条件。

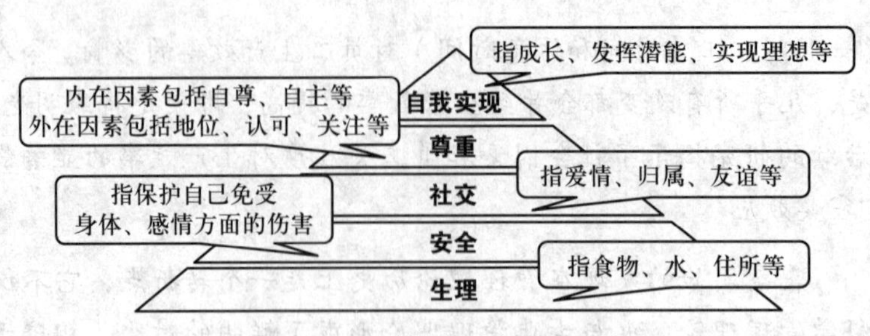

图 1-3-1　马斯洛需求层次理论

2. 双因素理论

弗雷德里克·赫茨伯格（Frederick Herzberg）提出的双因素理论区分了导致满意（激励因素）和导致不满（保健因素）的工作条件。激励因素通常与工作本身有关，如成就感、认可、工作内容及责任；而保健因素包括企业政策、管理、薪酬和工作环境等，其存在可能阻止不满意，但本身并不产生满意。

3. X 理论和 Y 理论

道格拉斯·麦格雷戈（Douglas McGregor）提出的 X 理论和 Y 理论是描述管理者对员工动机观念的两种截然不同的理论。X 理论认为员工懒惰、缺乏雄心和责任心，必须通过严格的监督和操控来进行管理。与之相反，Y 理论认为员工是愿意工作、自发寻求责任、富有创造力和自我激励的。Y 理论主张给予员工自由和赋权，以激发他们的潜力。

知识巩固

1. 结合霍桑实验，说明该实验对科学管理理论提出了哪些挑战。

2. 请举例并解释说明 X 理论和 Y 理论在企业管理中的应用。

第四节　现代企业管理活动的新变化

学习目标

- 1. 了解企业主要管理活动的内容和新变化。
- 2. 了解在信息化社会中企业管理活动的特点。

一、新时代的战略管理

战略管理是指通过综合分析企业的内部资源和外部环境，来制定有效的战略，确保企业能够适应环境变化并实现企业的目标。战略管理主要涉及企业的长远目标和方向设定，以及为实现这些目标而制定、执行和评估决策的过程。在当今竞争激烈的市场环境中，每个企业都在寻找可以用于其所从事的业务活动和实现目标的战略武器，在数字化时代，企业战略管理主要有 3 个特点。

1. 将品质视作战略武器

在战略管理中，品质可以作为一个强有力的战略武器，帮助企业在竞争激烈的市场中脱颖而出。通过提供高品质的产品或服务，企业能够建立和维护顾客的信任和忠诚度，从而提高市场份额和利润率。高品质也能作为差异化的手段，让企业的商品或服务在同类商品中更具吸引力。此外，对品质的持续关注促使企业持续改进和创新，优化生产流程，减少浪费，提升效率。

2. 利用大众媒体产生战略优势

数字时代，大众媒体已经成为企业实施战略管理的有力工具。利用大众媒体，企业能够快速、广泛地传递信息，吸引目标消费者的注意，并树立品牌形象。通过有效的媒体策略，企业可以塑造公众对其品牌和产品的认知，激发消费需求，增强市场竞争力。

3. 大数据开启战略新纪元

利用大数据技术，企业可以从海量的数据中提取出有价值的信息，以支持决策制定和战略规划。通过分析消费者行为、市场趋势和竞争对手情况，企业能够更准确地预测市场需求，定制化其产品和服务以满足顾客需求。另外，大数据还可以优化企业的运营效率，比如通过供应链管理和库存控制，降低成本，提高效率，最终助力企业在激烈的市场竞争中占据有利地位。

二、新时代的组织管理

组织管理是通过建立组织结构、规定职务或职位、明确权责关系等，以实现组织目标的过程。简单来说，就是使员工明确组织中有哪些工作，哪些员工需要去做什么，不同工作者承担什么责任、具有什么权力，在组织结构中的关系如何。经济全球化和数字化为组织管理带来了多方面的深刻影响和变化，要求企业在多个方面进行调整和创新，以适应快速变化的环境。

1. 远程工作的普及

数字技术的发展推动了远程工作模式的普及。组织现在能够支持员工在家或其他远程地点进行工作，这不仅提高了工作灵活性，也帮助企业节约了办公成本。这种模式要求组织有高效的在线沟通工具和项目管理软件，以确保团队成员之间的有效协作。

而随着远程工作的增多，保持员工与组织之间的紧密联系成了重大挑战。这要求企业发展有效的沟通策略和团队建设活动，确保员工感觉到自己是企业不可或缺的一部分，增强他们的归属感和忠诚度。具体的应对方式包括通过定期的在线会议、团队建设活动和有效的内部沟通平台进行沟通等。

2. 组织结构的变化

随着全球化的发展，企业面临着管理跨文化团队和适应全球各地不同商业环境的挑战。这要求企业在建立全球策略的同时，也要充分考虑地方文化、法律和市场差异。成功的跨国企业能够在保持全球品牌一致性的同时，对其产品和市场策略进行地方化调整以适应不同市场的需求。

3. 扁平化学习型组织的创新

在快速变化的市场环境中，持续学习和适应变化成为组织保持持续竞争力的关键。数字化技术允许企业采用更加个性化和灵活的培训方式，也促进了企业组织结构的扁平化。信息和知识流动速度的加快，使员工可以直接与决策者交流，减少了层级，增加了组织的灵活性，提高了对变化的响应速度。如何塑造一种鼓励创新、知识分享、跨部门合作和个人成长的企业文化，以及创建一个开放的沟通环境，是现代企业需要解决的新问题。

三、新时代的生产管理

1. 供应链管理的新变化

供应链管理主要涉及在整个供应链中管理流动的商品、信息和资金流，从原材料的采购到产品最终交付给消费者的管理过程。在大数据时代，供应链管理不仅包括产供销流程的效率与成本控制，更包括了数据驱动的决策、对复杂供应链网络的实时监控，以及适应能力的持续提升。

通过集成先进的信息技术，如物联网、云计算和大数据分析，企业能够获取更广泛和深入的供应链信息，从而提前发现潜在问题，优化库存管理，减少运输延迟，并提升整体服务水平。例如，实时追踪物流信息可以帮助企业精准预测产品到货时间，从而减少过量库存和缺货的风险。此外，通过对大数据的分析，企业可以更好地理解市场需求变化，实现更加个性化的顾客服务，以及提升供应链的灵活性和响应速度。

2. 项目管理的新变化

项目管理是为了实现一个特定目标所实施的一系列针对项目要素的管理过程。随着项目变得越来越复杂和跨领域合作的增加，项目管理在现代社会变得极其重要。有效的项目管理方法，如敏捷管理、精益管理和六西格玛管理，已经被广泛应用于互联网技术、建筑、制造等多个行业中，以确保项目按时、按预算完成，同时达到预期的品质标准。

在大数据的背景下，通过分析历史项目数据、资源使用效率及风险模式，项目经理能够更精准地预测项目风险，优化资源配置，提高决策的效率和项目的成功率。同时，利用项目管理软件，项目参与者可以更有效地协作和沟通，提升项目透明度和团队效率。

3. 质量管理的新变化

质量管理是确保所有企业的产品或服务满足一定的质量标准，涉及质量规划、质量保证、质量控制和质量改进。在全球竞争日益激烈的市场环境中，质量管理是企业获得竞争优势的关键。在大数据时代，质量管理的重点不仅在于控制和改进生产过程中的质量，还在于通过分析顾客反馈、产品性能数据和市场调研情况来持续提高产品和服务的质量。通过实施全面质量管理、ISO 质量管理体系标准等，企业可以确保质量管理贯穿产品设计、生产、交付和售后服务的每一个环节。

四、新时代的资源管理

1. 人员管理的新变化

人员管理又称人力资源管理，涉及招聘、聘用、培训、评估和奖励组织成员的过程。在现代社会，人员管理不再仅仅包括传统意义上的招聘、培训和绩效评估等职能，而是更多地涉及如何吸引、发展和留住多元化和富有才华的员工。在大数据和社会化媒体发展的背景下，企业可以利用人力资源管理系统和人工智能工具来分析员工数据，预测员工流失风险，定制培训和发展计划，并优化招聘流程。同时，通过提供灵活的工作安排、远程工作机会和个性化的福利方案，企业能够提升员工满意度，发展多样性和包容性文化，从而提高组织的创新力和竞争力。

2. 财务管理的新变化

财务管理涉及组织的财务资源的规划、组织、监督和控制，具体包含投资决策、资金筹集、现金流量管理以及财务规划和分析。在数字化和全球化的商业环境中，财务管理的挑战和复杂性显著增加，企业需要有效管理资金流动、优化投资组合、降低运营成本，并应对货币汇率和市场波动的风险。利用大数据分析和金融科技解决方案，如区块链和智能合约，企业能够提高财务透明度，优化财务流程，提升风险管理能力。此外，通过分析财务数据和市场趋势，企业可以做出更加精准和及时的财务决策，支持企业的长期财务增长和可持续发展。

3. 信息管理的新变化

信息管理是通过适当的信息技术和系统收集、管理、利用和传播信息资源的过程，目的是优化信息的使用，以支持决策过程和提高组织的效率。信息作为现代社会最宝贵的资产之一，有效的信息管理至关重要。在大数据时代，企业面临着数据量爆炸式增长的挑战，同时也拥有通过数据驱动决策来获得竞争优势的机会。通过运用高级数据分析工具和人工智能技术，企业可以从大量非结构化数据中提取有价值的信息，实现个性化的顾客服务，优化产品设计和市场策略。此外，加强数据治理和确保数据安全成为信息管理的重要方面，这要求企业采取有效的数据加密、访问控制和数据备份策略，保护敏感信息不受内部和外部危险的侵害。

知识巩固

1. 在互联网时代，大众媒体和大数据为什么可以帮助企业进行战略管理？

2. 随着经济全球化和信息化时代的发展，企业组织管理出现了哪些新特点？

第二章

企业管理体制与组织管理

新时代背景下，理解和掌握企业管理体制与组织管理的基本原理和实践技巧尤为重要。本章将从企业概述开始，为你描绘一幅企业的基本画卷，进而深入探讨现代企业制度的框架和特征，以及现代企业制度如何在当下经济社会背景下发挥关键作用。在此基础上，我们还将细致分析企业组织管理的重要性及其在新时代面临的挑战与机遇。本章旨在为你提供一套全面理解企业运作和管理策略的知识体系，帮助你理解在新时代背景下，如何有效应对变化和把握机遇，促进企业的可持续发展和竞争力的提升。

第一节 企业概述

学习目标

- 1. 掌握企业的概念和基本特征。
- 2. 了解现代企业的分类。

一、企业的概念

企业是一种参与市场活动，通过生产商品或提供服务来追求利润的组织。它是市场经济中的基本经济单元，扮演着创造产品、提供就业、促进技术进步和实现资源有效配置的重要角色。

二、企业的基本特征

1. 企业是从事生产经营或服务性活动的经济组织

企业的核心活动是生产商品或提供服务。无论是制造业企业生产产品，还是咨询企业提供专业建议，它们的主要目的都是通过这些活动满足市场和顾客需求。

2. 企业是由人和物有机结合而组成的经济组织

企业不仅仅是物质资源（如设备、资金和原材料）的集合，更重要的是它们由人（员工、管理者）组成。人的智慧、技能和创造力与物质资源相结合，才能共同推动企业的运营和发展。

3. 企业是营利性的经济组织

营利性是企业的显著特征之一。企业通过其经营活动追求利润，这不仅是其生存和发展的基础，也是衡量其成功的重要标准。营利性驱动着企业不断寻求效率的提升和市场的拓展。

4. 企业是具有法律主体资格的经济组织

企业具备法律上的独立性，这意味着它可以以自己的名义进行财产所有、签订合同、提起诉讼等法律行为。这种法律主体资格赋予了企业在经济交易中的独立地位和责任。

拓展阅读

企业的“身份证”

你可以把企业的法人资格理解为企业的“身份证”。法人资格证明了一个企业是按照法律程序成立的，企业拥有独立承担民事责任的能力。可以把企业想象成一个人，这个“人”可以拥有财产、签订合同，也可以因为自己的不当行为而被追究法律责任。例如，如果一家拥有法人资格的企业因为某种原因造成了他人的损失，受害方可以直接向这家企业提出赔偿要求，而不必针对企业背后的个人股东或者管理者。这就像是一个人因为自己的不当行为受到法律制裁一样，企业法人也需对自己的行为负责。

三、企业的类型

1. 按照生产要素集约程度分类

企业按照主要依赖的生产要素可以分为劳动密集型企业、资金密集型企业、技术密集型企业和知识密集型企业 4 类。这一分类反映了企业在生产过程中对不同资源的依赖程度和特点。

（1）劳动密集型企业，其特点是在生产和服务过程中，相对于资本和技术，更多依赖人力资源。这类企业通常对劳动力的需求量较大，对劳动力技能的要求相对较低，因此，它们往往在劳动力成本较低的地区设立生产基地。

（2）资金密集型企业，指在生产过程中，较多依赖资本投入的企业，例如设备、机器和厂房等固定资产投入大。这类企业的典型特征是需要高额的初始投资和维持运营的成本。

（3）技术密集型企业，强调技术在企业生产和创新中的核心地位。这些企业依靠先进的技术研发能力，持续进行产品创新和生产流程的优化。

（4）知识密集型企业，其特征是高度依赖专业知识和技能，这类企业的价值创造依赖于知识产权、品牌和市场营销能力。

2. 按照企业法律形式分类

企业的法律形式反映了企业的所有权和运营方式，不同的法律形式有其特定的法律责任和财务要求。

（1）独资企业。独资企业是企业资产的唯一拥有者，对企业的债务和义务承担无限责任。这种形式的企业在决策上灵活，启动成本相对较低。

（2）合伙企业。合伙企业由两个或多个合伙人共同出资经营，合伙人根据合伙协议共享利润并共同承担风险。合伙企业在资源整合和风险分担方面有优势。

（3）企业制企业。企业制企业是一个独立的法人实体，股东对企业债务的责任限于其投资额。这种形式有利于资金的集聚和风险的分散。

3. 按照所有制结构划分

企业的所有制结构决定了企业的控制权和利润分配方式，不同的所有制类型影响着企业的目标和运营策略。

（1）国有企业，是由政府全资或控股的企业，它们在重要行业和领域中承担着服务公共利益的角色。

（2）股份制企业，通过发行股份来吸引投资，股东依照其持有的股份比例分享企业利润。这种结构有助于企业融资和扩大规模。

拓展阅读

企业治理机制

企业治理机制是确保企业有效运作和遵守法律的制度设计，既包括企业内部机制，也涵盖了外部因素，如图 2-1-1 所示。通俗来说，企业治理机制就是一套规则和安排，旨在确保企业的管理层和员工能够为股东及其他利益相关者服务，同时促进企业健康、透明、高效运行。

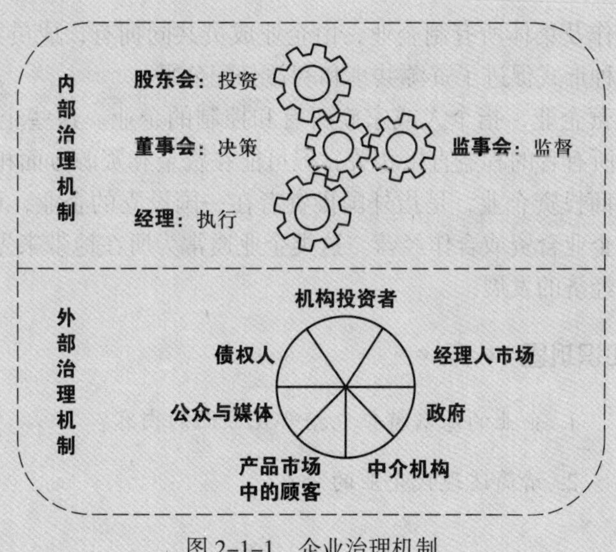

图 2-1-1 企业治理机制

企业内部治理机制主要包括4个主体。股东会：是股份制企业的所有者，有权决定企业的重大事务，例如选举董事会成员。董事会：是股东会选出来的一群人，主要负责确定企业的战略方向和监督管理层，确保企业运作符合股东利益。监事会：其主要职责是监控企业的财务状况和董事会、管理层的行为，保障企业运作的合法性和规范性。经理：是企业的日常管理者，负责执行董事会制定的策略和日常的经营管理工作。

企业外部治理机制包括7个主体。债权人：是指向企业提供贷款的银行或个人，其通过贷款合同中的条款来监控企业，以确保企业有能力还款。机构投资者：是养老基金、保险企业等大型投资者，通过大额投资行使股东权利。经理人市场：是高级管理人员的就职和更换市场，表现不佳的管理者可能会被更合适的候选人替代，促使管理者提高表现。公众与媒体：其对于揭示企业的违法违规、曝光企业的不良经营行为能够起到重要作用，公众与媒体可以通过舆论监督促进企业经营和管理合法合规。产品市场中的顾客：拥有对企业产品的知情权，可以依照自己的需求自由选择产品、服务，通过选择产品、服务促使企业提高效率。中介机构：是指会计师事务所、评级机构等，它们可以帮助外部利益相关者对企业进行评估。政府：通过制定法律、规章和税收政策，政府行为可以对企业的运作和治理产生重要影响。

（3）合作及集体所有制企业，由企业成员共同拥有，成员共同参与管理决策，按劳分配。这种形式促进了资源共享和利益分配公平。

（4）私营企业，指个人或家族所有和控制的企业。这些企业的特点是决策迅速、灵活，且与所有者的利益直接相关，但可能在资金和资源方面相对受限。

（5）外商投资企业，是指外国投资者在一国设立的企业，可以是独资经营，也可以是与本地企业合资或合作经营。这类企业通常为所在地带来先进的技术和管理经验，有助于当地经济的发展。

知识巩固

1. 企业的基本特征包括哪几方面的内容？

2. 请简述现代企业的分类。

第二节　现代企业制度

学习目标

- 1. 掌握现代企业制度的概念。
- 2. 了解现代企业制度的特征和基本内容。
- 3. 了解新时代背景下现代企业制度面临的变化。

一、现代企业制度的概念与意义

现代企业制度是指一套规范企业所有权、经营权和监督权分配的机制和规则体系，旨在提高企业的运营效率和竞争能力。它通过明确产权归属、优化管理结构、合理分配利益和责任，促进企业资源的有效利用和风险控制。

现代企业制度的意义不仅体现在推动企业内部治理结构的完善和提高经济效益上，还在于增强企业的市场适应性和综合竞争力，促进整个社会经济体制的转型与发展，从而使中国企业在全球化的经济环境中占有一席之地。

二、现代企业制度的特征

1. 产权明晰

产权明晰是现代企业制度的核心特征之一，意味着企业的所有权和使用权分离，企业资产的所有者对资产拥有明确的法律权利。这种明确性有助于减少内部和外部的交易成本，提高企业资产的使用效率，同时也为投资者提供了明确的财产权保障，增加了投资的吸引力。

2. 权责明确

权责明确是指企业内部管理层和员工的职责和权限界限清晰。这有助于构建一个高效、透明的管理体系，确保决策的快速和准确执行。通过明确各级管理人员和员工的权责，可以有效避免权力滥用和责任推诿的现象，增强企业内部的动力和协调性。

3. 政企分开

政企分开是现代企业制度的又一显著特征，强调企业经营的市场化和法人治理结构的独立性。这种分开有助于企业摆脱外部非经济因素的干扰，专注于市场竞争和内部管理，提高决策的专业性和效率。

4. 管理科学

管理科学体现在企业运用现代管理理论和方法，如战略管理、财务管理、人力资源管理等，进行企业资源配置和运营活动的优化。这种管理方式能够有效提升企业的组织效能，促进企业可持续发展。

三、现代企业制度的基本内容

1. 现代企业产权制度

现代企业产权制度是指企业所有权和经营权分离的制度安排，它通过法律手段保障产权的明晰和稳定。这种制度的实施，有助于明确股东、债权人和其他利益相关者的权益，促进企业资本的有效集聚和风险的合理分担。

2. 现代企业有限责任制度

有限责任制度是指股东对企业债务的责任仅限于其投资额，超出投资额的部分不承担责任。这种制度既保护了股东的利益，控制了个人财产的风险，又能够促进企业进行创新和扩大投资，是现代企业制度的重要组成部分。

3. 现代企业组织制度

现代企业组织制度涵盖了企业内部组织结构的设计和运作机制，如企业治理结构、部门划分、职权分配等。这一制度的目的是提高决策效率和执行效力，确保企业目标的实现。

4. 现代企业管理制度

现代企业管理制度是指企业在经营管理活动中采用的规章制度和管理方法，包括财务管理、人力资源管理、市场营销管理等多个方面。这些制度和方法的科学应用有助于提升企业的管理水平和核心竞争力，实现企业的长远发展。

> “完善中国特色现代企业制度，弘扬企业家精神，加快建设世界一流企业。”
>
> ——习近平总书记在中国共产党第二十次全国代表大会上的报告

四、新时代背景下现代企业制度面临的变化

1. 全球化竞争加剧

在全球化浪潮下，企业不再局限于本国市场，而是要积极探索和进入国际市场，这不仅增加了潜在的收益空间，也带来了更为复杂和激烈的竞争环境。市场拓展意味着企业需要对外国市场的消费习惯、文化差异、市场规则有深刻的了解和适应能力，必须面对复杂多变的国际法律环境和贸易政策。不同国家和地区的法律规定、知识产权保护、税收政策、进出口限制等差异，对企业的国际交易、投资布局和合作伙伴选择等方面均会产生重大影响。现代企业制度需要不断适应这些变化，以保障企业在国际市场上的合法权益。

2. 数字化转型

（1）技术融合。数字化转型为现代企业制度带来了机遇和挑战。技术融合，特别是云计算、大数据、人工智能、区块链等新兴技术的应用，要求企业重新审视和调整其业务流程、产品服务和市场策略。这些技术不仅可以极大提升现代企业的运营效率、降低其成本、创新服务模式，还能够帮助企业实现精准营销和个性化服务。

（2）数据安全与隐私保护。在数字化转型的过程中，数据成为企业最宝贵的资产之一。然而，随之而来的数据安全和隐私保护问题也成为现代企业制度面临的重大挑战。随着数据泄露事件的频发，顾客对个人信息安全的关注度日益增高，企业必须建立严格的数据安全管理制度，遵守相关的法律法规。此外，企业还需不断加强技术防护措施，提高员工的数据安全意识，以保护顾客数据不被非法访问、泄露或滥用，从而维护企业声誉和顾客信任。

3. 可持续发展

（1）环境保护要求。可持续发展已成为全球企业必须面对的重大议题，环境保护要求企业在其生产和经营活动中采取更为环保的做法，如减少废物产生、降低能源消耗、采用可再生能源等。这不仅是企业环境责任的体现，也是提升企业长期竞争力的关键因素。面对日益严格的环境法规和顾客对绿色产品的大量需求，现代企业制度需要将绿色环保理念融入产品设计、生产过程、供应链管理等各个环节，实现经济效益和环境保护的双赢。

（2）社会责任与伦理道德。可持续发展还涉及社会责任和伦理道德的问题。企业不仅要追求利润最大化，还要关注其对社会的影响，如提供公平的就业机会、保障工人权益、参与社会公益活动等。在全球化和数字化的背景下，企业的社会责任和伦理行为受到了前所未有的关注。顾客、投资者和其他利益相关者越来越倾向于支持那些行为正直、社会责任感强的企业。因此，企业需要改善现代企业制度以建立和维护良好的社会形象，提升品牌价值和企业影响力。

4. 组织结构和管理模式的革新

（1）灵活的工作模式。随着科技的发展和员工需求的变化，灵活的工作模式成为现代企业制度必须考虑的一大趋势。这包括远程工作、灵活工时、结果导向的评估方式等。这种灵活性不仅能够提高员工的满意度和工作效率，还可以帮助企业吸引和保留人才，尤其是在面对全球性人才竞争时。然而，灵活工作模式也给企业的管理和协调带来了挑战，如何在不牺牲团队合作和企业文化的前提下实施灵活工作，以及如何利用技术工具有效管理远程团队，都成为企业必须解决的问题。

（2）扁平化管理。在快速变化的市场环境中，扁平化管理能够使企业更加灵活地调整战略和运营，更快地响应市场变化。此外，扁平化管理促进了信息的自由流通和交流，有利于激发员工的创新和积极性，强化团队合作。然而，实施扁平化管理也面临诸多挑战，包括改变企业传统的权力结构、培养员工的自我管理能力、维护不同层级员工的沟通和协调等。企业需要通过培训、文化建设和制度设计，确保扁平化管理的顺利实施。

知识巩固

1. 简述现代企业制度的特征。

2. 现代企业制度的基本内容主要有哪些？

3. 请结合现实中的一家企业，具体谈谈在新时代背景下该企业面临哪些挑战和变化。

第三节　企业组织管理

学习目标

- 1. 掌握企业组织设计、组织运作和组织调整的基本概念。
- 2. 了解现代企业组织结构的主要类型及其特征。
- 3. 了解目前企业组织结构变革的特点。

一、企业组织管理的内容

1. 组织设计

组织设计涉及如何高效地构建和安排一个企业的内部结构，以便它能够顺利地运作并实现其目标。这不仅仅是决定谁向谁汇报工作这么简单，还包括确定部门的分配、职责的划分以及如何优化这些元素以提升整体效率。好的组织设计能够确保资源得到最佳利用，员工明确自己的职责并了解如何为实现企业目标做出贡献，同时企业还要保持足够的灵活性以应对未来可能的挑战和变化。

2. 组织运作

组织运作关注的是日常业务活动的执行和管理，确保企业目标的实现。这包括流程管理、质量控制、协调各部门之间的工作关系以及监督和提升员工的工作效率。有效的组织运作能够保证企业资源的有效分配，确保各项任务顺利完成，同时还能发现并解决组织运作中出现的问题，从而提升企业的整体表现和竞争力。

3. 组织调整

组织调整是指企业在内外部环境变化时，对其结构和运作方式进行的调整和优化，以更好地适应这些变化。这可能包括重组部门、调整资源分配、改变工作流程或引入新的管理实践。组织调整的目的是提高企业的灵活性和适应性，确保其能够在不断变化的市场环境中保持竞争力和效率。

二、企业组织结构的主要类型

企业组织结构是指企业内部各部门、职能与员工之间的关系布局和管理体系，它直接影响企业的决策效率、运营灵活性和市场适应能力。机械式组织结构和有机式组织结构是两种基本的组织结构模式（见图 2-3-1），可以各自适应不同的企业环境和需求。

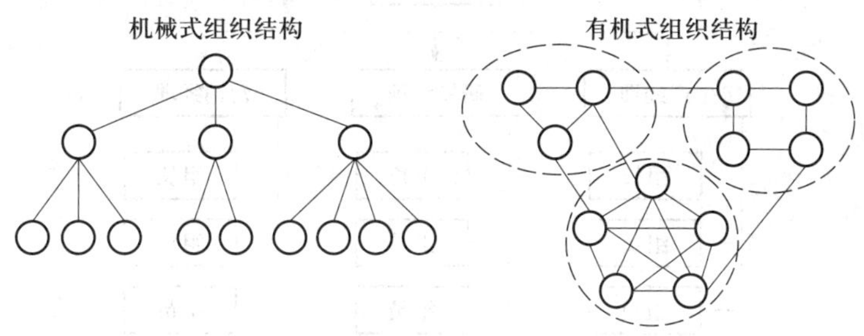

图 2-3-1　机械式组织结构和有机式组织结构

机械式组织结构以其高度分化的职能部门、固定的职责范围、严格的等级制度和控制机制为特点，非常适合环境相对稳定、任务明确且重复性高的操作环境。这种组织结构的主要优点在于能够确保操作的高效率和稳定性，使企业能够在可预测的环境中顺利运作。然而，这种组织结构的主要缺点是其管理层次僵化和缺乏灵活性，这些缺点使得企业难以快速适应市场和环境的变化。

相比之下，有机式组织结构更加灵活，其特点包括部门边界的模糊性、强调横向沟通与合作，以及对变化的高度适应性。这种组织结构特别适合那些处于不断变化的环境中，需要快速响应外部市场变化的企业。有机式组织结构的优点在于其提供了高度的灵活性和创新能力，有助于企业捕捉市场机遇和应对挑战。然而，它也有可能带来管理上的混乱和效率下降的问题，尤其是在缺乏明确指导和控制机制时。在机械式组织结构和有机式组织结构两种基本模式下，还有一些更细分的组织结构。

1. 直线制组织结构

直线制组织结构是最古老和最简单的组织结构形式（见图 2-3-2），特点是每个员工只向一个上级管理者汇报。这种组织结构清晰、指令明确，适用于小型企业或者管理层次少、任务单一的组织。优点在于管理直接、沟通高效，缺点是可能导致决策压力集中及创新和灵活性不足。

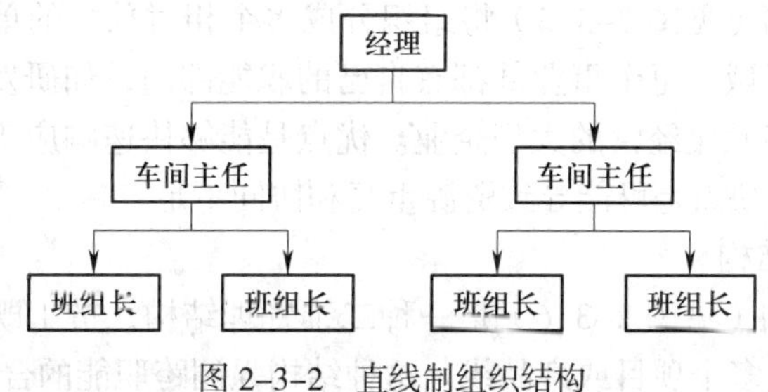

图 2-3-2　直线制组织结构

2. 职能制组织结构

职能制组织结构按照不同的业务职能进行部门划分（见图 2–3–3）。每个部门负责特定的职能、任务。这种组织结构有利于专业化分工和提高工作效率。优点是专业化程度高，能够深入挖掘每个职能领域的潜力，缺点是部门之间的协调和沟通可能存在障碍。

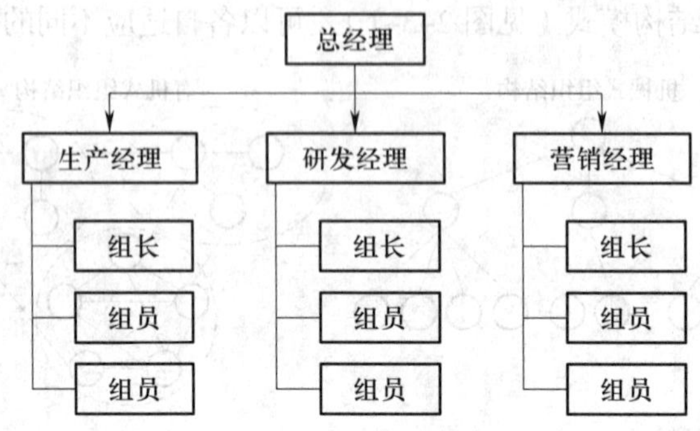

图 2–3–3　职能制组织结构

3. 直线职能制组织结构

直线职能制组织结构（见图 2–3–4）结合了直线制组织结构和职能制组织结构的特点，既有清晰的直接管理线，又设有专门的职能部门来提供指导和服务。这种组织结构既保持了管理的直接性，又增加了职能专业支持，适用于中等规模的企业。优点是结合了两种组织结构的优点，提高了效率和专业性；缺点是可能出现职责不清和冲突。

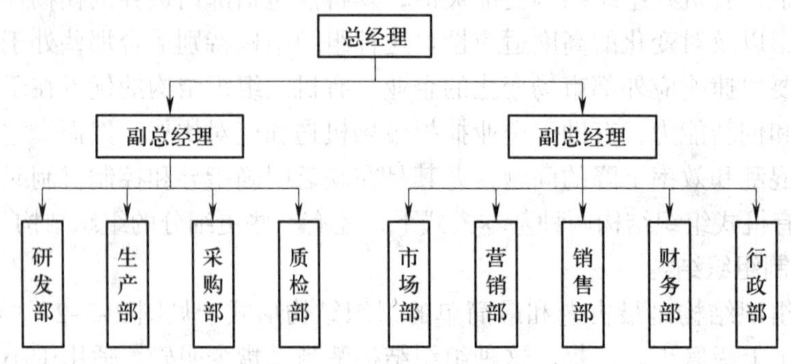

图 2–3–4　直线职能制组织结构

4. 事业部组织结构

事业部组织结构（见图 2–3–5）将组织分成多个相对独立的单位，每个单位负责一个产品线或市场区域。每个事业部都有自己的职能部门，如研发部、生产部等。这种组织结构适用于多元化经营的大型企业。优点是能够快速响应市场的变化，专注于特定的产品或市场；缺点是可能导致资源重复和协同不足。

5. 矩阵型组织结构

矩阵型组织结构（见图 2–3–6）是一种二维管理结构，员工既归属于一个职能部门，又服务于一个或多个项目或产品线。这种结构强调跨职能的合作和灵活配置资源。

优点是促进了跨部门的沟通和合作，提高了灵活性和创新能力；缺点是管理复杂，可能出现指令不一致和角色冲突。

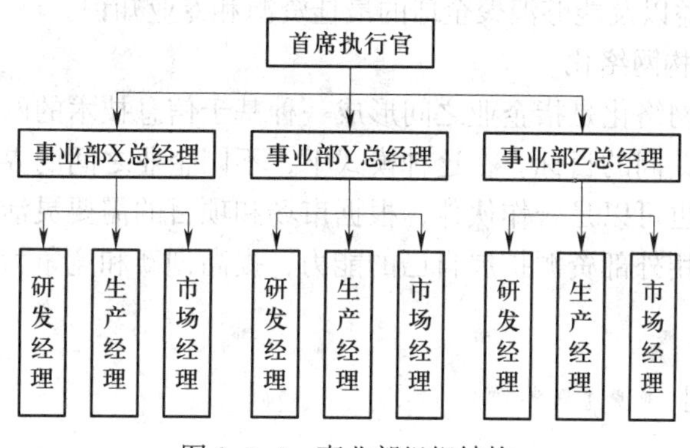

图 2-3-5 事业部组织结构

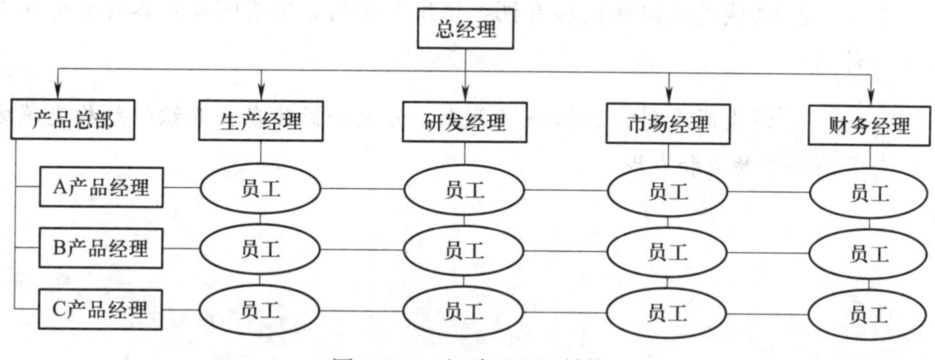

图 2-3-6 矩阵型组织结构

三、企业组织结构变革的特点

1. 组织结构扁平化

组织结构扁平化是减少企业内部层级的过程，目的是简化管理结构，加快决策速度，并提高工作效率。在扁平化的组织结构中，员工和高层管理人员之间的距离缩短，这意味着信息可以更快地在组织内部流通，同时员工的参与感和责任感也得到提升。扁平化的组织结构通常意味着更少的管理层级，员工享有更大的自主权，管理者与员工之间的交流更加直接和开放。然而，这也可能带来挑战，如管理者可能需要直接管理更多的员工，增加了他们的工作负担。

2. 组织结构柔性化

组织结构柔性化指的是企业为了适应外部环境的变化和内部需求的多样化而采取的一系列措施，这种措施使组织结构变得更加灵活、适应性更强。这包括采用更加开放和灵活的工作安排，例如，远程工作、灵活工时，以及鼓励跨部门合作等。柔性化组织能够迅速响应市场变化，更好地满足顾客需求，同时提高员工满意度和创新能力。

3. 企业组织结构虚拟化

企业组织结构虚拟化是指企业运用信息技术，跨越地理和时间限制，通过网络化的方式连接不同的资源和能力，形成虚拟组织。在这种模式下，企业可以根据项目需要，灵活组合内外部的资源和能力，快速响应市场变化。虚拟化组织的特点包括高度的灵活性、成本效益以及能够汇聚全球的最佳资源和专业知识。

4. 企业组织结构网络化

企业组织结构网络化是指企业之间形成一种基于信息技术的网络关系，通过合作和共享资源来实现共同的目标。在这种模式下，不同企业之间的界限变得模糊，它们可以是竞争对手，也可以是合作伙伴，根据市场和项目的需要灵活调整合作关系。网络化使企业能够利用外部资源扩展自己的能力，提高创新和竞争力，同时减少风险和成本。

知识巩固

1. 什么是企业组织设计？

2. 机械式组织结构和有机式组织结构的差别有哪些？各自的优缺点是什么？

3. 请查阅资料，选择一家企业，尝试分析其在企业组织结构变革方面具有哪些特点和表现。

第三章

企业战略管理

在经济全球化中，企业面临的挑战日益增多，从技术创新的快速迭代到顾客行为的不断变化，再到国际竞争的加剧，这些因素共同推动企业不断适应变化，以维持其竞争优势。正是在这样的背景下，企业的战略管理显得尤为关键，本章我们将探讨如何识别和评估外部环境中的机会与威胁，以及企业内部资源和能力的优势与劣势；并帮助你理解战略选择与制定的过程，以及企业如何进行战略实施与控制。通过本章的学习，你不仅能够深入理解战略管理的各个环节，还能够获得帮助企业在竞争激烈的市场环境中实现可持续发展的实用工具与知识框架。

第一节　战略管理概述

学习目标

- 1. 掌握战略管理的概念与特征。
- 2. 了解战略管理的 3 个主要层次。
- 3. 了解战略管理的过程。

一、战略的概念

战略最初源于军事用语，是指导战争全局的计划和策略。在商业管理领域，战略指的是企业的长期发展目标，以及为实现这些目标所采取的行动计划和资源配置。

二、战略管理的概念与特征

1. 战略管理的概念

战略管理是指一个企业对其战略的制定、实施和评估的连续、系统的过程。它涵盖了从战略规划到执行再到评价的整个循环，其目的是帮助企业有效应对外部挑战、利用内部资源，最终实现长期目标。

2. 战略管理的特征

（1）长远性。战略管理所关注的是长期目标而非仅仅应对短期挑战。战略规划通常涵盖了对未来市场趋势和机会的预测，以确保企业能持续发展。

（2）综合性。战略管理强调的是不同要素之间的相互作用和整体性，包括多个方面，如组织结构、市场定位、产品开发、人才引进等。

（3）灵活性。在外部环境不断变化的情况下，战略管理要求企业能快速响应市场的变化，适时进行战略调整或转型。

（4）系统性。战略管理是一个完整的系统，其各个环节相互独立也相互依赖。从环境分析到战略制定、实施以及评价，每一个步骤都是在前一个步骤的基础上进行的，所以战略管理是一个连续循环的系统。

三、战略管理的层次

企业的战略管理可以分为 3 个主要层次，如图 3–1–1 所示。

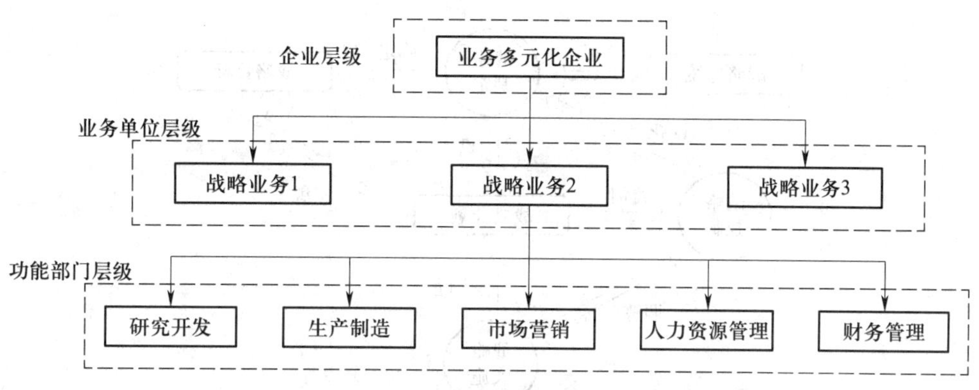

图 3-1-1 企业战略管理的 3 个主要层次

1. 企业层级

企业层级的战略关注整个企业集团的发展方向和长期利益。它需要决策者对企业的使命、愿景和目标有清晰的定义，战略内容涉及投资决策、资源分配、多元化程度、并购策略、整体风险管理等。例如，一个大型多元化企业需要确定哪些商业领域能够带来最佳的增长潜能和最大的协同效应。

2. 业务单位层级

业务单位层级上的战略更侧重于企业某个特定业务部门或产品线在其市场竞争中的定位。业务单位层级的战略目标是在竞争激烈的市场环境中为企业创造独特的竞争优势。这包括成本优势战略、差异化战略或专注于特定市场细分的集中战略。

3. 功能部门层级

功能部门层级的战略操作更具体，它关注如何在某一功能区域内有效地使用资源并支撑上级战略。这些功能区域可能包括研发、生产、营销、人力资源管理和财务管理等。在这个层面上，战略的实施可以细化到流程优化、成本控制、提升效率等具体行动。

四、战略管理的过程

1. 战略制定

战略制定是指确定组织宗旨、目标以及达成这些目标所需要的路径和手段。它通常包括外部环境分析、内部环境分析、确定长远目标、选择特定战略等。

2. 战略实施

战略实施涉及把战略计划变为行动的具体步骤，它要求组织结构、人力资源以及企业文化等因素相互协调。实施过程中还需要设定短期目标和监控指标，以保证战略得以按计划执行。

3. 战略控制

战略控制是对已实施战略的效果进行衡量和分析的过程，包括设定评价标准、收集相关数据、进行效果分析等。这有助于确认战略是否有效或是否需要做出优化和调整，以确保企业目标的实现。

战略管理各环节之间的逻辑关系如图 3-1-2 所示。

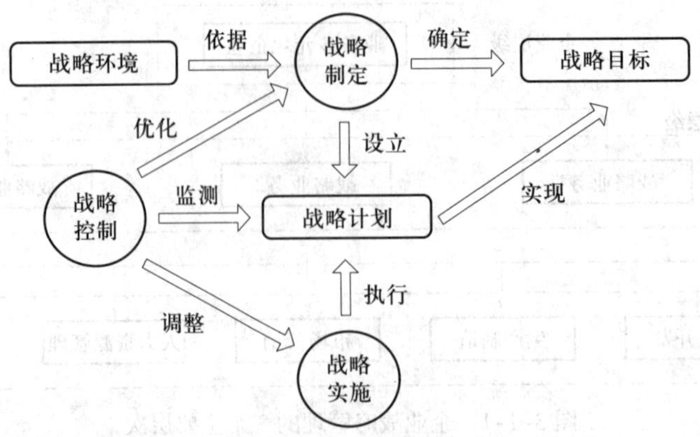

图 3-1-2　战略管理各环节之间的逻辑关系

知识巩固

1. 请简述企业战略管理的特征。

2. 请简述企业战略管理的过程。

3. 请尝试用自己的话概括企业进行战略管理的意义。

第二节　战略环境分析

学习目标

- 1. 了解企业战略环境分析的概念与意义。
- 2. 掌握企业外部环境和内部环境的分析方法。

一、企业战略环境分析的概念与意义

企业战略环境分析是指评估企业所处的外部环境和内部资源，以便制定战略决策的过程。战略环境分析有助于企业厘清发展方向，优化资源配置，实现长期的商业成功。具体来说具有以下 4 点重要意义。

第一，通过对外部环境的了解，企业能够发现新的市场机会，预测行业趋势和变化，并及时应对潜在的威胁。

第二，评估行业竞争力有助于企业制定有针对性的竞争策略，包括寻找差异化优势、建立供应链优势以及确定市场定位和定价策略。

第三，关注企业的内部资源和能力，揭示企业核心竞争力的来源和构成要素，帮助企业合理配置资源，优化业务流程，并加以改进。

第四，明确企业在市场中的定位，有助于企业确保资源的有效利用，提高竞争力，并持续实现业绩增长。

二、外部环境分析

1. PEST 分析模型

PEST 分析模型是一种重要的宏观环境分析工具，通常用来评估某一特定市场的外部因素，其构成如图 3-2-1 所示。

图 3-2-1　PEST 分析模型

（1）政治是指政府政策、政府稳定性、税率、贸易限制等政治因素对企业的潜在影响。

（2）经济不仅涵盖经济增长、利率、汇率、通货膨胀率等经济指标，还包括这些因素如何影响企业运营的成本和顾客的购买力。

（3）社会因素包括人口变化、生活方式、教育水平、文化差异等对企业产品和服务需求有影响的指标。

（4）技术是指技术创新、研发活动、技术成熟度、数字化和自动化的程度等因素，这些都可能改变行业内竞争的格局。

2. 波特五力分析模型

波特五力分析模型旨在评估行业竞争力，确定行业的吸引力和利润潜力，模型如图 3-2-2 所示。

（1）现有竞争者的竞争程度。现有竞争者的竞争程度是指分析现有企业之间的竞争状态，包括价格竞争、广告战、产品差异化等。

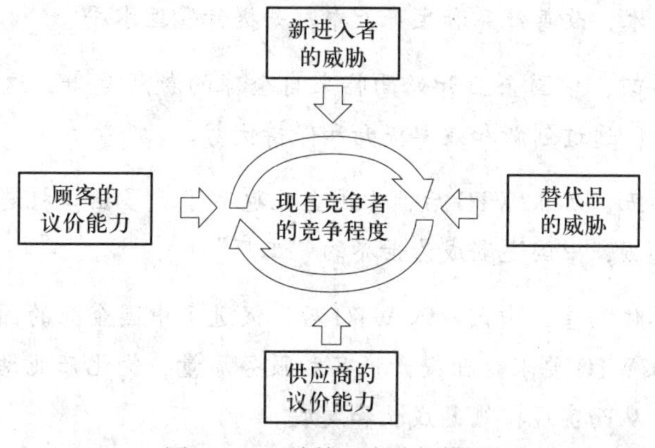

图 3-2-2　波特五力分析模型

（2）新进入者的威胁。新进入者的威胁是指考虑新竞争者进入市场的难易程度，以及它们可能给现有企业带来的影响。

（3）替代品的威胁。替代品的存在可能限制价格上涨空间并影响企业利润。

（4）供应商的议价能力。供应商的议价能力即供应商对价格和供应条件的掌控程度，高供应商集中度可能会提升物料成本。

（5）顾客的议价能力。顾客的议价能力越强，在价格和服务上的要求就越高，越有可能压缩企业的利润空间。

拓展阅读

中国加入 WTO 后企业战略环境的变化

世界贸易组织（World Trade Organization，简称 WTO）是为加强监督世界贸易和促进贸易自由化，在关税及贸易总协定的基础上成立的国际组织。

中国在 2001 年加入了 WTO，这对中国企业的战略环境产生了举足轻重的影响。

第一，加入 WTO 后，中国承诺降低进口关税和取消各种进口配额，使得中国市场更加开放。这为中国企业提供了更大的国际市场，也带来了来自国外企业的更多竞争。

第二，为遵守 WTO 规则，中国加速改革和调整了许多国内法规，与国际标准接轨。中国企业必须适应新的法律法规，以满足国际市场的要求。

第三，开放市场促进了技术和知识的转移。这有利于中国企业引进新技术，改善产品和生产效率，并提升管理水平。

第四，中国企业开始面临来自全球的激烈竞争，这迫使企业提高竞争力，通过创新和效率提升和保持优势。

第五，加入 WTO 后，中国企业也有了更多出口机遇，尤其是在制造业领域，中国逐渐成为世界的“工厂”。

总体而言，中国加入 WTO 后，促进了中国企业的国际化进程，同时加入 WTO 要求企业提升产品和服务质量、优化产业结构、适应国际规则，从而实现持续的成长和发展。

三、内部环境分析

1. 财务能力分析

财务能力分析涉及评估企业的财务健康状况，主要包括以下4点。

（1）收入和盈利状况。通过损益表可以了解企业的盈利水平和成本控制能力。

（2）资产负债表，可以反映企业的资产状况和财务杠杆情况。

（3）现金流量表，可以展示企业在一定时期内现金的流入流出情况，反映企业现金的流动性和偿债能力。

（4）财务比率，如利润率、资产周转率、流动比率，这类指标可以帮助管理层对企业的经营绩效进行更深入的了解。

2. 营销能力分析

营销分析是指评估企业在市场上建立和维持品牌、产品或服务竞争优势的能力，主要包括以下3点。

（1）市场份额，即评估企业产品在市场中的占比情况。

（2）营销组合，需要具体分析企业产品、价格、渠道、促销策略的执行效果。

（3）顾客关系管理，指顾客满意度和忠诚度的分析。

3. 生产运营能力分析

生产和运营能力分析是评估企业在生产产品或提供服务过程中的效率和效果，主要包括以下3点。

（1）生产流程，要对生产流程的效率进行分析。

（2）供应链管理，主要是评估供应链的效率、成本控制以及对环境变化的响应能力。

（3）质量控制，即分析是否能确保产品或服务质量与企业标准和行业规定相符。

4. 组织效能分析

组织效能分析旨在评估组织结构、决策流程和人力资源管理政策对企业目标实现的影响，它主要涉及以下3个方面。

（1）组织结构，也就是评估当前的组织结构是否能够有效支持企业战略实施。

（2）决策流程，主要是评估企业现行的决策流程是否存在冗余或其他不必要的环节，高效的决策流程能够提升企业的反应速度并改善企业执行力。

（3）人力资源管理，涉及员工招聘、培训、激励体制以及绩效评估体系等。

5. 企业文化分析

企业文化是为企业全体成员普遍认可和共同遵循的价值观念和行为规范的总称。企业文化分析主要反映在以下两个方面。

（1）文化和价值观念，即评估企业中共享的信念体系在多大程度上能够与企业目标匹配。

（2）员工参与和士气。员工的参与度与积极性对企业成功起到关键作用，所以需要对企业员工的参与情况和士气有大致的了解。

四、综合分析方法

综合分析方法融合了内外环境分析，主要被用于协助企业进行综合评估，并制定相应的战略。其中，SWOT 分析是一种简单而强大的分析方法，可以帮助企业识别内外部环境中的关键因素。

基于 SWOT 矩阵，企业可以进行 SWOT 分析（见图 3-2-3），具体包括以下 4 个方面。

（1）优势—机会（SO）策略，即利用企业的内部优势抓住外部机会。

（2）劣势—机会（WO）策略，是指克服企业的内部弱点以利用外部机会。

（3）优势—威胁（ST）策略，即利用企业的优势减少外部威胁的影响。

（4）劣势—威胁（WT）策略，是指设法最小化企业的弱点和外部威胁。

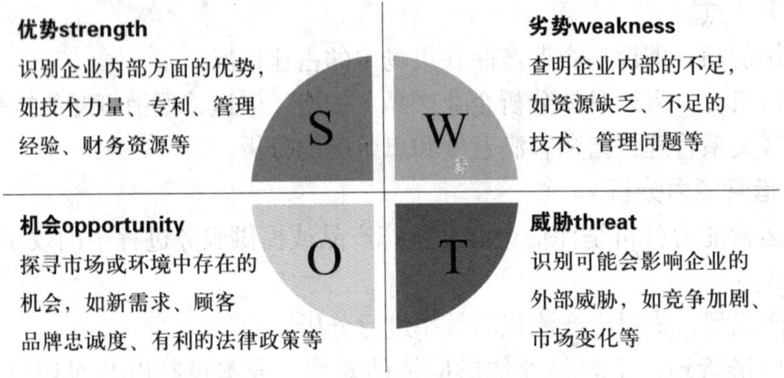

图 3-2-3　SWOT 分析

案例分析

某煤炭企业利用 SWOT 矩阵进行综合评估

某煤炭企业的 SWOT 分析主要包括以下 3 步：第一步，通过调研获取企业环境相关信息资料。第二步，整理信息，构造 SWOT 矩阵，并按重要程度罗列各项因素。第三步，根据 SWOT 矩阵进行 SO、WO、ST、WT 分析，最终制定适合企业发展的战略方案。表 3-2-1 为该煤炭企业的 SWOT 矩阵。

表 3-2-1　　某煤炭企业的 SWOT 矩阵

	优势	劣势
内部资源	1. 资源储量充足：高岭土资源丰富，煤层存储条件优越，煤质优良 2. 规模经济：全国最大的动力煤集团，能实现规模经济 3. 技术与管理经验丰富：长期从事煤炭开采、加工制造等业务，企业积累了大量技术专利和管理经验 4. 品牌优势：在业内具有良好信誉，产品品牌知名度高	1. 产品品种单一，潜在利润空间较小 2. 设备老旧，随着采掘深度增加，管理难度和成本进一步增加 3. 企业退休员工较多，企业负担较重，缺少高层次技术人才的引进
	机会	威胁
外部环境	1. 国家电力管理体制改革，为煤电联营和煤炭企业进入电力领域创造了条件 2. 环渤海湾的开发建设，有利于企业拓宽市场渠道、开发市场需求 3. 清洁煤技术的发展：投资和发展清洁煤技术可能为企业打开新的市场 4. 加强煤炭资源综合利用，推进清洁生产，保护矿区环境的煤炭产业政策力度逐步加大	1. 严格的环境法规和政策压力：随着国家碳达峰和碳中和战略的提出，国内对煤炭企业排放的要求越来越高 2. 可再生能源的快速发展，清洁能源的低成本和绿色环保属性可能进一步压缩煤炭市场份额 3. 由于环保和市场风险，投资者可能对煤炭行业的投资持谨慎态度

知识巩固

1. 请简述企业内外部环境分析的主要内容。

2. 请选择一个自己感兴趣的产业，尝试用 PEST 分析模型和波特五力分析模型分析其战略环境。

第三节　战略选择与战略制定

学习目标

- 1. 了解并掌握 3 种战略匹配分析方法。
- 2. 了解市场竞争战略和市场发展战略的主要内容。
- 3. 了解不同市场角色的竞争战略。

一、战略匹配方法

战略制定者就像一只在捉兔子的鹰，鹰必须飞得足够高，才能以广阔的视野发现猎物，同时它又必须飞得足够低，以便看清细节，瞄准目标并进行攻击。不断地进行这种高度权衡正是战略制定者的任务，一种不能由他人代理的任务。

案例分析

某汽车企业的战略选择

1. 早期集中生产单一产品战略

在 20 世纪初，某汽车企业的发展是通过不断改进轿车这一单一产品实现的。该企业在早期发展阶段专注于生产不同型号、不同色系的轿车，这种策略使得该企业能够进行大规模、低成本生产，从而降低售价，吸引更多的顾客。

2. 纵向一体化战略

随后，该企业采取了纵向一体化战略，在企业集团内部增设塑料生产部门、玻璃生产部门及电工和燃油处理部门，分别为自己企业的汽车生产提供乙烯、玻璃、点火器、发电机等部件。纵向一体化战略通过内部制造大部分零件，使企业控制了从原材料到成品的整个生产过程，从而减少了对供应商的依赖，提高了效率。

3. 同心多元化战略

在此阶段，该企业扩展其产品线，通过收购合并实施同心多元化战略，开始生产拖拉机。如今该企业已是世界上最大的拖拉机和农用设备制造商之一。虽然该企业也开始生产其他类型的产品，但这些产品仍然与其主要业务——交通工具制造密切关联。

4. 跨行业的复合多元化战略

20 世纪 80 年代，该企业成立了汽车信贷有限公司，即向经销商和汽车零售顾客提供贷款，正式进军金融服务领域。该企业随后收购了诸多租赁企业，业务范围涉及商业设备融资、杠杆租赁融资、商业车队租赁等。通过收购其他企业实现跨行业的复合多元化，有助于企业分散风险，抓住更多的市场机遇。

1. 波士顿矩阵

波士顿咨询集团发明的这个矩阵是用来帮助企业在其产品组合管理中进行决策和优先级排序的工具，如图 3-3-1 所示。每个象限的产品需要采取不同的战略，例如，问题产品通常需要很多投资以转变为明星产品，金牛产品往往需要维护以持续产生稳定的现金流，而瘦狗产品可能要考虑剥离。

图 3-3-1　波士顿矩阵模型

（1）明星产品。高销售增长率、高市场份额的产品称为明星产品，该类产品由于市场份额高，所以有较大的成长空间，需要进一步加大投资，以提高市场份额，加强竞争地位。

（2）金牛产品。低销售增长率、高市场份额的产品称为金牛产品，此类产品已进入成熟期，大量的销售可以为企业提供资金，无须增大投资。应采取的战略往往是把设备投资和其他投资尽量压缩，以争取在短时间内获取更多利润，为其他产品提供资金。

（3）问题产品。高销售增长率、低市场份额的产品称为问题产品，因为高销售增长率说明市场机会大、前景好，但低市场份额说明该类产品在市场营销上存在问题。后续应采取选择性投资战略，对其中将来有希望成为明星产品的在一段时期内采取扶持的对策。

（4）瘦狗产品。低销售增长率、低市场份额的产品称为瘦狗产品，对于没有前景的该类瘦狗产品，应该果断地采取清理、出售、放弃等行动。

2. 麦肯锡矩阵

麦肯锡矩阵是基于行业吸引力和业务单位竞争力的九宫格模型，由麦肯锡公司为通用电气公司设计，企业可以利用此矩阵确定投资、保持、收获或退出的战略。麦肯锡矩阵及其对应策略如图 3–3–2 所示。

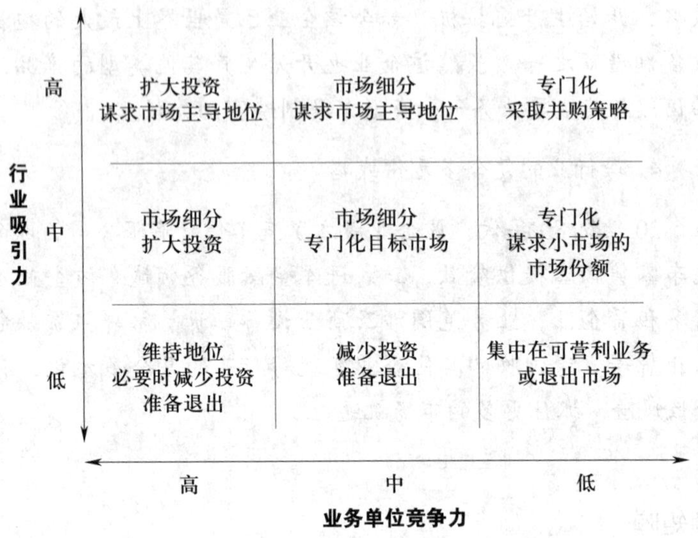

图 3–3–2　麦肯锡矩阵及其对应策略

3. 大战略矩阵

大战略矩阵如图 3–3–3 所示，侧重于市场增长和企业竞争力。它把企业按竞争力和市场增长速度分成 4 类，并为每一类提供战略建议。

其中，位于第Ⅰ象限的企业处于极佳的战略地位，对这类企业，继续集中经营于当前的市场和产品是适当的战略，它们也有能力利用众多领域中的外部机会。

对于位于第Ⅱ象限的企业，尽管其所在产业正在增长，但它们不能有效地进行竞争。所以这类企业需要分析当前的竞争方法为何无效，企业又应如何变革而提高其竞争力。

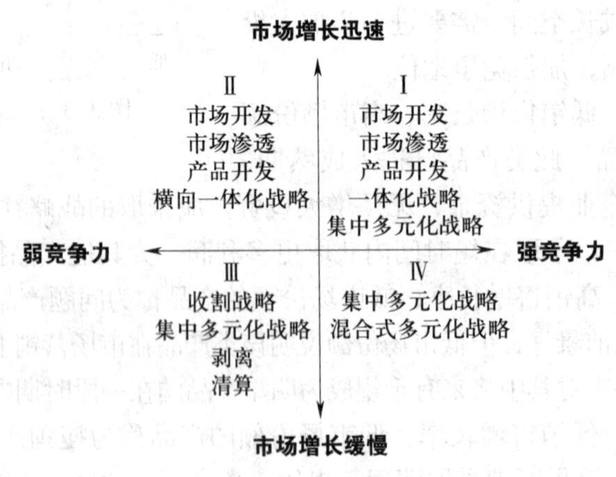

图 3–3–3　大战略矩阵

位于第Ⅲ象限的企业往往处于产业增长缓慢和相对竞争力不足的双重劣势下。在确定产业正处于永久性衰退的前提下，这类企业必须着手实施收割战略，大幅度地减少成本或投入，并将资源从现有业务领域逐渐转向其他业务领域。

对于位于第Ⅳ象限的企业，虽然其产业增长缓慢，但却处于相对有利的竞争地位。它们往往具有较大的现金流量，并对资金的需求有限，有足够的能力和资源实施集中多元化或混合式多元化战略。

二、市场竞争战略

1. 产品差异化战略

产品差异化战略是一种使产品或服务与竞争对手的相似产品或服务区分开来的方法，旨在吸引顾客通过独有特点选择企业的产品。差异化可以基于多种因素，包括设计、品牌形象、技术特性、顾客服务、价格或用户体验等。

2. 成本优势战略

成本优势战略的重点是通过最有效率的方式生产商品或提供服务，以低于行业平均水平的成本运营，从而能够提供具有价格优势的商品或服务，吸引价格敏感的顾客。

3. 集中化战略

集中化战略只集中于市场中的一小部分（或细分市场），以极高的专注程度满足该市场的需求。集中化战略可以是基于地区、产品线、顾客类型或销售渠道的专注。

三、市场发展战略

1. 扩张战略

扩张战略是指企业通过内部增长或外部并购扩大其运营规模和市场份额，可以采取多种形式，包括增加现有产品的销量、发展新产品、进军新市场或新的地理区域。

2. 一体化成长战略

一体化成长战略简称一体化战略，是指企业利用生产链中的直接关系来扩大经营范围和经营规模，包括横向一体化战略和纵向一体化战略。一体化战略有助于企业控制成本、提高效率和加强产品供应链的管理。

（1）横向一体化战略。横向一体化战略是指企业通过并购或合并同一行业内的竞争对手，扩大市场份额，增加议价能力，实现规模经济，或者获取新的技术和顾客资源。这种战略能带来更强的市场控制力和成本结构优势。

案例分析

某社交媒体企业的横向一体化战略

2012年，某大型社交媒体企业通过10亿美元的现金和股票收购了另一家“中量级”社交媒体企业。该收购行为使该大型社交媒体企业不仅消除了一个潜在的竞争对手，而且获得了该“中量级”社交媒体企业在移动平台和年轻用户群体中的强大影响力。

对该大型社交媒体企业来说，这次收购增强了它在社交媒体市场的统治地位，也拓宽了其广告业务收入的来源。

（2）纵向一体化战略。纵向一体化战略是指企业扩展其业务以覆盖生产链的不同环节。企业可以通过一体化战略沿着供应链垂直发展，可以是向前一体化（接近市场端，如零售）或向后一体化（接近原料端，如制造）。纵向一体化战略往往能提升供应链的协调性和控制力，降低企业的供应风险，增加企业对最终产品的影响力。

案例分析

某视频流媒体企业的纵向一体化战略

20世纪90年代末，某著名视频流媒体企业以DVD租赁服务起家，在2007年该企业推出了在线视频流媒体服务，而在2015年该企业推出了自己发行制作的第一部电视剧，并成为热门内容。该企业的纵向一体化发展战略在于它从最初的DVD租赁服务转变为内容流媒体平台，再到最后成为电影和电视剧的制作商。

通过制作原创内容，该视频流媒体企业不仅控制了内容的创造和分发，还提升了其在用户心中的品牌价值和区别度，减少了对外部内容提供者的依赖。

3. 多元化战略

企业通过多元化战略增加新的产品线、服务或市场，以减少风险和依赖单一市场的弊端。其中，集中多元化战略是指在当前产品或技术的基础上发展，横向多元化战略则是指进入完全不同的产业或领域。

（1）集中多元化战略。集中多元化战略是企业将业务扩展至相关的领域，借助现有的技术或市场优势进入紧密相连的领域。这样的多元化战略能够让企业分散风险，增强创新能力，同时利用现有资源和能力创造协同效应。

案例分析

某饮料制造企业的集中多元化战略

某跨国饮料制造企业采取了集中多元化战略，从其核心的碳酸饮料业务扩展到非碳酸饮料，如水、果汁、茶和运动饮料等。

通过这样的集中多元化，该饮料制造企业不仅丰富了产品线以满足更多元的顾客需要，还能有效应对人们追求健康的趋势对碳酸饮料需求的影响，保持企业的市场竞争力。

（2）横向多元化战略。横向多元化战略是指企业在不同但相关的市场中扩展产品和服务，通常是通过并购方式实现。它允许企业多元化经营并分散风险，同时可以共享部分营销和研发资源，实现成本效益。

案例分析

某科技企业的横向多元化战略

某大型科技企业通过多次收购，实现了横向多元化。该科技企业原本是一家搜索引擎企业，于2005年通过注资收购了某操作系统进入了移动操作系统市场；又于2006年收购了某视频流媒体网站，从而进入在线视频服务市场。

通过这种横向多元化，该科技企业不仅仅是一家搜索引擎企业，它还通过不同的产品和服务获取了新的收入流和市场机会，同时增强了其在整个技术领域的影响力。

四、不同市场角色的竞争战略

1. 市场领导者战略

市场领导者为市场上的主导企业，这些企业通常掌握着最大的市场份额。市场领导者必须不断创新来维持其地位，还需要通过不断推动市场增长和保持顾客忠诚度来进行市场防御。

2. 市场挑战者战略

市场挑战者的市场份额往往紧随市场领导者之后，且常常寻找机会挑战市场领导者的地位。市场挑战者可能通过实施创新策略，加强营销活动，或价格竞争来增加自己的市场份额。

3. 市场追随者战略

市场追随者往往只占有市场 20% 左右的份额，不具备挑战市场领导者的能力，所以这些企业通常选择跟随市场领导者的战略，并提供类似的产品或服务。不过可能会在某些方面提供额外的价值，如更优的价格、改进的功能或针对特定顾客群的特色服务，以吸引顾客。

4. 市场补缺者战略

市场补缺者专注于服务市场的空白角落，这些往往是大企业忽略的小规模市场。它们通常提供定制的解决方案，以满足特定顾客群体的需求，可能会因高度专业化在其细分市场中扮演强有力的角色。

知识巩固

1. 什么是产品差异化战略？请查阅资料尝试概括实施产品差异化战略的主要途径有哪些。

2. 什么是一体化成长战略？请查阅资料尝试分析一体化成长战略的优缺点。

第四节　战略实施与战略控制

学习目标

- 1. 了解企业战略实施的基本原则，并掌握如何根据不同的企业状况选择、调整适当的战略实施模式。
- 2. 了解企业战略控制的必要性和内容，了解如何通过设定合理的绩效标准和监控机制等，确保战略目标的达成。
- 3. 掌握企业战略控制的主要方式。

一、企业战略实施

1. 企业战略实施的基本原则

企业战略实施是将战略计划转化为实际操作的过程，它涉及资源的配置、组织结构的调整以及文化变革等多个方面。为了成功实施战略，企业需要遵循以下原则。

（1）合理性原则。战略实施应基于充分的市场分析和内部资源评估，确保战略目标和实施计划的可行性。

（2）统一领导原则。战略实施需要有一个统一的领导核心，确保企业全员行动一致，防止资源分散和方向偏离。

（3）最少干预原则。在不影响战略目标实现的前提下，尽可能减少对日常操作的干预，让员工有足够的灵活性去应对变化。

（4）权变原则。在战略实施过程中，应根据外部环境和内部条件的变化灵活调整战略和执行计划，保持战略的适应性和灵活性。

2. 企业战略实施的模式

（1）指挥型战略实施模式，通过高层管理者集中决策和命令的方式对企业资源进行集中调配，再通过层级结构向下传达执行，从而快速推进战略实施。

案例分析

某新能源汽车企业的指挥型战略实施模式

随着新能源汽车产业的快速发展，市场对长续航、高可靠的新型电池需求水涨船高。某企业决定快速进入新市场以抢占先机。此时，该企业高层管理者先决定相关产品线、市场定位和资源分配的战略，再指示各部门执行。

指挥型战略实施模式可以确保快速决策和实施，但也可能限制底层员工的创造性和主动性。

（2）变革型战略实施模式，侧重于通过组织结构、流程、文化等方面的变革来实现战略目标。这种模式适用于需要进行根本性改变以适应新战略的企业。

案例分析

某制造业企业的变革型战略实施模式

某历史悠久的制造业企业以计算机硬件产品发家，随着云计算等互联网技术的发展，该企业面对市场需求的变化，决定剥离与计算机硬件相关的主营业务，转型为以软件开发和云计算服务为主营业务的企业。

由于计算机硬件制造与软件开发在产品、服务、生产过程方面具有截然不同的特点，所以该企业需要重组组织架构，引入新的工作流程，并培养创新文化，才能确保员工能够适应新的业务模式。

（3）合作型战略实施模式，强调跨部门、跨团队之间的合作和沟通，通过集体智慧和资源共享来实现战略目标。尤其是对于跨领域的创新产品，往往需要各部门（研发、市场、销售等）紧密合作，分享信息和资源，以共同应对项目开发和市场推广中的挑战。

案例分析

某电气企业的合作型战略实施模式

某电气企业是全球能效管理的领导者，2018年该企业与某自动化技术厂商在数字化电网技术和软件开发领域达成战略合作。通过这种战略合作，该电气企业可以利用该自动化技术厂商在电力传输和分配方面的先进技术，而该自动化技术厂商则能够利用该电气企业的广泛市场和销售网络。合作双方在研发、市场推广及客户服务方面的协同效应显著，加速了智能电网和能效解决方案的创新和应用，同时也提高了竞争力和市场份额。

该案例证明了通过战略合作共享资源和优势，实现双赢结果的可能性。

（4）文化型战略实施模式，是通过塑造和强化企业文化，激发员工的内在动力和创造力，以支持战略实施。这种模式认为，强大的企业文化是推动战略成功的关键因素。

案例分析

某通信企业的文化型战略实施模式

“LX文化”被认为是某全球领先的信息与通信技术解决方案供应商成功的关键因素之一。该企业的“LX文化”强调勇敢前行、永不满足、团队合作和持续学习。这种文化使企业员工具有高度的主人翁精神，有利于鼓励企业员工敢于挑战、不断创新，也促使企业员工能够快速适应市场变化。该企业利用其“LX 文化”推动企业的战略实施，例如，在 5G 技术的研发和部署方面，该企业培养出了极具竞争力的研发团队，最终在 5G 技术和设备市场占据了领先地位。

文化型战略实施强调通过文化的力量驱动技术创新和市场扩张，该案例充分证明了强有力的企业文化是企业战略实施的重要支撑。

（5）增长型战略实施模式，专注于通过新市场的开拓、新产品的开发等方式实现企业的快速增长。这种模式对企业不断寻找和抓住外部机会的能力要求较高。

案例分析

某电动汽车企业的增长型战略实施模式

某电动汽车企业采用的增长型战略实施模式体现在其不断的产品创新、市场扩张和生产能力提升上。该电动汽车企业不仅投资于高性能电动汽车的研发，还不断扩大全球销售网络和服务中心，同时通过建立超级工厂来扩大生产规模。通过这种模式，该企业成功推出了多款受市场欢迎的电动汽车车型，并快速占领了电动汽车市场。此外，该企业还通过建设超级充电站网络、推出家用和商用储能产品等措施，进一步扩大了其业务范围和市场影响力。

这一系列策略不仅极大地促进了企业的快速增长，也推动了整个电动汽车行业的发展。

二、企业战略控制

1. 战略控制的必要性

战略控制不仅是跟踪战略实施进度和成效的手段，也是企业适应环境变化、持续优化战略方向的机制。有效的战略控制能够帮助企业及时发现和纠正偏差，把握市场机会，减少不确定性和风险。

2. 战略控制的内容

（1）设定绩效标准。这是指基于战略目标，设定明确、量化的绩效标准，如市场份额、收入增长率、客户满意度等。

（2）绩效监督和偏差评估。具体工作包括定期收集绩效数据，比较实际绩效与预期目标的差异，并分析偏差原因。这可能涉及财务分析、市场分析、竞争对手分析等。

（3）设立纠正偏差措施。这是指根据偏差分析结果，制定针对性的纠正措施，如调整市场策略、优化产品组合、提高运营效率等。

（4）监控外部环境因素。具体工作包括持续监控市场趋势、技术变革、法律法规等外部环境因素，评估这些变化对企业战略的影响，以及企业需要如何调整、应对。

（5）激励战略执行主体。这是指通过设定合理的激励机制（如绩效奖金、晋升机会、员工认股权等），鼓励管理者和员工积极参与战略实施，提高其执行力和创新能力。

3. 战略控制的主要方式

（1）市场控制。这是指通过顾客反馈、市场份额变化等市场信息来评估和调整企业的战略方向。

（2）行政控制。利用预算控制、审计评价等手段，确保资源的有效配置和使用，以及战略实施的规范性和合规性。

（3）团体控制。强调企业文化和团队合作的力量，通过共享价值观、目标一致性和团队精神来实现自我管理和自我激励，促进战略的有效执行。

知识巩固

1. 请简述企业战略实施的基本原则，并尝试分析该原则的意义。
2. 请简述企业战略控制的内容。
3. 为什么企业要进行战略控制？

第四章

市场营销与服务管理

社交媒体、数据分析、人工智能等技术的兴起，为企业提供了新的方式来识别和接触潜在顾客，同时也赋予了顾客更大的话语权。如何通过精准营销策略巩固顾客群体是市场营销要解决的核心问题。在本章中，我们将深入探讨市场营销的整体结构和关键要素，挖掘市场定位和目标市场选择等营销策略背后的深层逻辑，帮助你建立全面而系统的市场营销知识框架。通过深入分析多个典型市场营销案例，我们可以将理论与实践相结合，为市场营销决策提供数据和洞察力支持。

第一节　市场营销概述

学习目标

- 1. 掌握市场营销的概念。
- 2. 了解市场营销的4个特征。
- 3. 了解营销观念的发展历程与市场营销的基本流程。

一、市场营销的概念

市场营销是指企业或组织通过市场调研、产品定位、营销推广等活动，针对特定的目标市场和顾客群体，以实现产品或服务的销售、品牌推广、利润最大化为目标的过程和活动。通过市场营销，企业可以了解顾客需求，制定相应的营销策略，促进产品销售，并建立良好的品牌形象。

市场营销就像是一个桥梁，连接着制造产品的企业与需要这些产品的顾客。它不仅仅是卖东西那么简单，而是要发现和了解顾客想要什么，设计出满足他们需要的产品，找到合适的方式告诉他们这个好消息，最后让他们愿意购买。

案例分析

某饮品连锁品牌的音乐广告营销

2021年某饮品连锁品牌官方账号在各大社交媒体发布了其主题曲，整首歌曲只有一句话，却深入人心，一时风靡全国。该音乐广告营销的成功案例为互联网时代提供了新的市场营销思路。

首先，该饮品连锁品牌通过主题曲来确定其目标市场群体——年轻顾客，特别是那些追求时尚、享受流行文化的年轻人和社交媒体活跃用户。通过主题曲这一形式，该饮品连锁品牌与其目标顾客之间建立起了情感联系，同时强化了品牌形象的年轻化和潮流化。

其次，该饮品连锁品牌选用了经典民谣中韵律感强、旋律简单的部分进行了改编和重复，曲中歌词则源自品牌的宣传语，给人留下了深刻的印象。在主题曲中融入品牌的核心价值观和推广的主要信息，可以加深顾客与品牌的情感联结，并塑造品牌独特的个性。

另外，主题曲结合传统媒体广告、社交媒体推广和实体店内播放等多种渠道，与顾客建立多渠道的互动，实现了品牌信息的最大覆盖。网友的二次创作更是形成持续的输出，实现了“病毒式”传播，使品牌主题曲热度再创新高。可以说，该品牌在互联网时代进行了一次成功的音乐广告营销。

想要系统学习市场营销还需要理解以下专业名词。

1. 需要、欲望与需求

（1）需要指的是没有得到某些满足的感受和状态。例如，当人一天没有吃饭后感到饥肠辘辘，此时人就产生了进食需要。

（2）欲望是指想消除未满足的状态，得到某些满足的愿望。例如，当人产生进食需要后，希望进入一家餐馆饱餐一顿，此时人产生了想要消除饥饿状态并吃一顿美食的欲望。

（3）需求是指有购买力并愿意购买某个具体产品的欲望。例如，顾客下单并支付了一盘宫保鸡丁，顾客不仅具有购买能力并且愿意购买一道菜来满足自己的欲望。

2. 市场

市场是买卖双方进行商品和服务交换的场所或机制，包括信息传递、价格形成和交易完成等过程。在市场中，买方和卖方通过交换货币、商品或服务来满足彼此的需求和利益，并形成供求关系。市场构成的三要素如图 4-1-1 所示，分别为顾客（人口）、购买力（收入）和购买意向（消费欲望与习惯）。

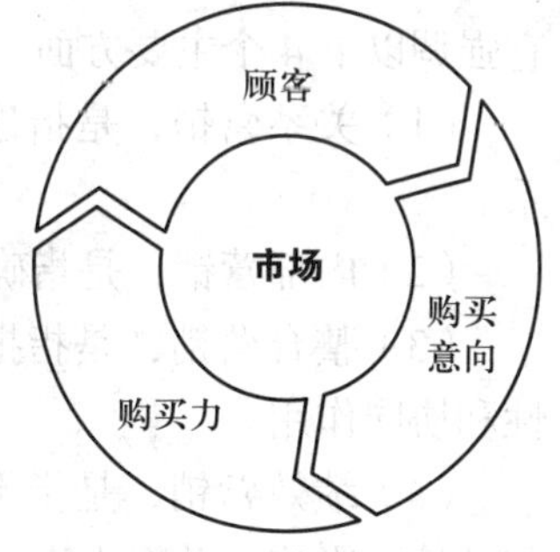

图 4-1-1 市场构成的三要素

二、市场营销的特征

1. 顾客导向

市场营销以顾客需求为导向，通过提供产品与服务来满足这些需求。企业需要知道顾客期待什么，并通过研究与分析来提供解决方案。

2. 全面性

市场营销不限于单一活动，它覆盖了产品设计、市场研究、促销策略、销售技巧等多个环节。每个环节都是营销过程不可分割的一部分，共同作用才能实现市场目标。

3. 动态性

市场营销需针对市场环境的不断变化做出响应。顾客的偏好、竞争对手的策略、经济状况等都可能影响营销决策，营销策略需要及时调整以适应这些变化。

4. 关系营销

现代市场营销强调与顾客建立长期的关系。通过提供良好的顾客服务、持续的品质提升和顾客反馈机制，建立忠诚的顾客基础。

三、营销观念的发展

1. 生产观念

这是最早期的营销观念，认为只要产品质量好、价格合理，就自然会有人购买。企业的重心在于如何提高生产效率和产品质量。

2. 产品观念

此阶段的企业认为顾客偏好品质优良的产品，因而专注于提升产品质量而不是关注顾客需求。

3. 推销观念

随着市场竞争的加剧，企业开始意识到单靠产品本身不足以吸引顾客，于是更多地通过销售和推广活动来增加销量。

4. 营销观念

这是一个转折点，企业开始将顾客的需求放在首位，不再是简单地销售产品，而是提供能够满足顾客需求和愿望的解决方案。

5. 全方位营销观念

在全方位营销观念下，营销不再是单一的部门功能，而是一个组织的全面性活动。它强调以下 4 个主要方面。

（1）关系营销，是指建立与顾客、供应商、渠道伙伴和其他利益相关者的长期关系。

（2）内部营销，是指确保内部的每个成员都向着服务顾客的共同目标努力。

（3）整合营销，是指把传播、品牌建设、销售以及直接营销统一起来，确保一致性和协同作用。

（4）绩效营销，是指不仅要考虑企业的财务责任，还要考虑企业活动对社会福祉和环境的影响，并努力实现企业利益与社会利益的统一。

四、市场营销的基本流程

1. 分析市场机会

通过调查和分析，了解市场需求和竞争状况，具体包括环境分析、顾客分析和组织购买者分析。

2. 选择目标市场

先将市场划分为具有共同需求或特征的小组，再根据资源和市场潜力，选择一个或多个细分市场作为销售的目标群体，并决定如何在顾客心中塑造产品或品牌的形象。具体内容包括市场细分、目标市场选择和市场定位。

3. 设计营销组合

制定产品策略、价格策略、渠道策略和促销策略等。

4. 管理营销过程

在执行营销计划过程中定期评估其成效，具体工作要点包括营销计划、营销评价和营销控制。

知识巩固

1. 市场营销的概念是什么？尝试分析营销与销售的区别。
2. 请尝试举例说明营销思想发展过程中的各种观念。

第二节　市场营销策略

学习目标

- 1. 掌握市场营销 4P 理论与 4C 原则的概念。
- 2. 了解市场营销策略组合的制定，培养对产品策略、价格策略、渠道策略和促销策略的分析能力。

一、市场营销基本要素

市场营销的基本要素可以概括为“4P”，即产品（product）、价格（price）、渠道（place）、促销（promotion），相关理论被称为 4P 理论。

1. 产品

产品指的是企业提供给市场的有形物品或服务，以满足顾客的需求和欲望。产品决策包括产品的品种、质量、设计、特征、品牌名称、包装等。

拓展阅读

整体产品的内涵

整体产品指的是一个商品或服务在顾客眼中的总体感知，包括其核心价值、实际产品以及附加产品 3 个层面，如图 4–2–1 所示。

1. 核心价值，是指产品的基本功能和顾客购买该产品的主要原因。

2. 实际产品，包括产品的设计、品牌、包装、质量和其他特性。

3. 附加产品，额外的服务和利益，如售后服务、保修、送货服务等。

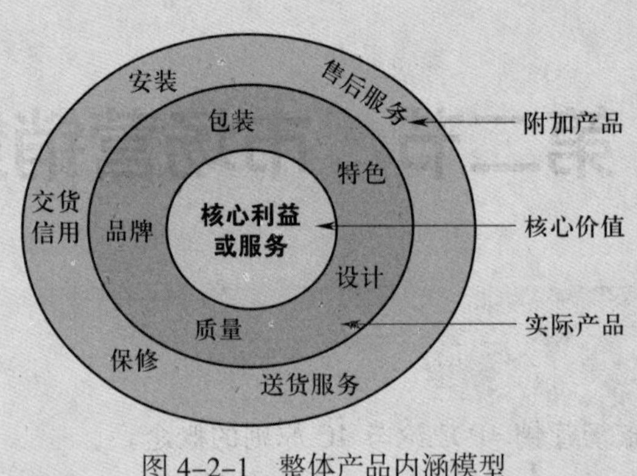

图 4–2–1　整体产品内涵模型

2. 价格

价格涉及将产品或服务转换为顾客支出的货币价值。价格策略包括定价方法、折扣、价格弹性及其对销量的影响等。

3. 渠道

渠道与将产品从生产者移动到顾客的各种途径和方式有关，包括渠道类型、市场覆盖、库存管理、物流与分销策略等。

4. 促销

促销是指借助广告、销售推动、公关、直接营销等手段来增强顾客对产品的认识，并激发购买意愿。

二、市场营销 4C 原则

4C 原则是对 4P 理论的补充和扩展，与 4P 理论相比，4C 原则更强调从顾客的角度出发。“4C”即顾客（customer）、成本（cost）、便利（convenience）、沟通（communication）。

1. 顾客

4C 原则中的顾客强调了解和满足顾客的实际需求。

2. 成本

顾客的总成本不仅包括购买价格，还包括使用、维护等方面的时间和金钱成本。

3. 便利

4C 原则中的便利与产品购买的便利性相关，关注顾客如何更容易获得和使用产品。

4. 沟通

4C 原则中的沟通指企业与顾客之间双向沟通的重要性，而不仅仅是单向的推广信息。

三、营销策略组合的制定

1. 产品策略

产品策略涉及对产品本身的规划和决策，包括产品的设计、功能、品质和包装等方面，旨在创造具有竞争优势的产品，以满足目标市场的需求。在市场营销策略组合中，产品策略处于中心地位。

案例分析

以产品为核心的营销——货真价实

货真价实是营销的不二法则，某中国著名辣椒酱企业把这一理念发挥到了极致。该企业的起家、发展，都是因为用产品为顾客提供了优异的用户体验。

第一是味道独特，该企业的产品策略核心在于产品的独特性。创始人以家传辣椒制作秘方开启了品牌的旅程，这保证了产品口味上的区分度。

第二是注重产品质量，该企业从选材到生产每个环节都严格把控，确保每一瓶辣椒酱的独特风味和高质量。该企业与当地合作建立了无公害干辣椒基地和绿色产品原材料基地，搭建了一条“企业 + 基地 + 农户”的农业产业链。

第三是该企业的产品策略不仅仅局限于辣椒酱本身，更是将地方特色和中华美食文化融入品牌之中。通过利用地域文化赋予产品以情感和故事，形成有趣的品牌形象，加深了顾客与产品之间的文化联系。

虽然该企业没有大量的广告宣传，但其产品的口碑却成为企业最强有力的营销手段之一，展现了产品策略在市场营销中的重要作用。

2. 价格策略

价格策略定位顾客对产品的支付意愿与市场竞争状况，决定产品的定价、折扣策略和信贷条款等，目的是平衡利润最大化和市场份额的增长。价格是市场营销中复杂、敏感又难以控制的因素，不仅直接影响顾客的购买行为，也关乎企业的市场份额和盈利率。

案例分析

价格策略的选择：性价比与成本挑战

在汽车界，每一次新车的发布都是一场没有硝烟的战争。某企业在制定新车定价的问题上就陷入了两难的选择。

一方面，该企业一向在价格制定上采用高性价比策略，用亲民价格获得大量用户。如果新车售价过高，可能影响顾客对品牌形象和产品质量的看法。

另一方面，在汽车行业中，技术更新换代迅速的特点导致研发投入成本极大。若想维持低价、高性价比的策略，企业就可能面临定价过低无法覆盖成本的问题。

当今汽车市场竞争激烈，无论最终采取何种定价策略，该企业都需要充分考虑市场需求和竞争态势。同时，也需要通过有效的营销手段来塑造品牌形象和提升产品认知度。只有这样，才能在激烈的市场竞争中脱颖而出。

3. 渠道策略

渠道策略关注产品从生产者传递至顾客的路径与方法，它包括选择合适的分销渠道、管理供应链和确定物流细节等。

案例分析

渠道为王的某手机企业

“强渠道”一直被外界视为某手机品牌成功的核心因素之一。该手机企业通过其精心策划的渠道策略，曾在2016—2020年期间成功地实现极高的市场份额。

第一，该企业非常注重线下渠道的布局。该企业构建了庞大的线下零售网络，尤其在中国的三、四线城市和农村地区。这些地方的顾客对线上购物的接受度可能不如一、二线城市，因此线下实体店为这部分消费群体提供了触手可及的产品体验。

第二，该企业与当地分销商紧密合作，从大型电子产品连锁店到小型的手机店，都确保了其产品能够及时到达任意销售终端，使顾客在几乎任何地点都能购买到该品牌的手机。

第三，该企业理解手机售后服务的重要性，因此其渠道策略也专注于提供高效的售后服务。这包括在主要市场中设立多个服务中心，确保顾客能够获得快速、可靠的维修和支持服务，事实也证明这一策略增强了顾客对品牌的好感和忠诚度。

第四，随着电商的发展，该手机企业也积极拓展线上销售渠道，包括自己的官方网站、各大电商平台以及社交媒体平台。线上线下一体化的渠道策略保证了顾客可以根据个人偏好选择购物途径，拓宽了销售渠道，提高了市场渗透率。

4. 促销策略

促销策略是企业运用广告、公关、销售促销和个人销售等手段，提高其市场认知度、激发顾客消费欲望、促进产品销量或建立企业形象的策略。在竞争激烈的现代市场中，如果产品不为人知，最终难逃积压库存的命运。因此，企业需要采用各种有效的方法和手段促进产品销售。

案例分析

某矿泉水企业的促销策略

从瓶装水商贩到成功跻身行业市场份额首位的某矿泉水企业，凭借精细化的运作，将其营销理念、包装设计、广告传播、产品延伸融入多种促销策略组合，成为行业的黑马。

首先，该矿泉水企业以其独特而又亲民的广告语为大众所熟知。该矿泉水企业先利用简单直接的广告语创造出了温馨、自然的品牌形象，再通过电视、互联网、户外广告等多元化媒介发布广告，加深了顾客对品牌的记忆。而且该企业多年来一直使用“天然饮用水”等关键词，这强调了其产品的天然属性和健康理念，有利于顾客在选购时迅速识别并做出选择。这种长期一致的品牌信息大大加强了该企业的品牌认知度。

另外，该企业还积极赞助各种体育、文化活动，如马拉松比赛、电视节目等，提高品牌的社会曝光率，同时给人“健康生活”的品牌形象。这种方式不仅可以传播品牌文化，还能亲近顾客，提升品牌忠诚度。

知识巩固

1. 举例说明整体产品的内涵。
2. 考察目前国内家电企业的分销模式。
3. 尝试为一种日用品产品设计一个促销方案。

第三节　市场营销过程

学习目标

- 1. 掌握市场细分、目标市场和市场定位的概念。
- 2. 了解进行市场细分、选择目标市场、确定市场定位的基本流程。

一、市场细分

市场细分是指将整个市场按照顾客的需求、特征或行为分成若干较小的、相对独立的、可以很好满足的细分市场，以便更有针对性地进行市场营销和产品定位。通过市场细分，企业能够更好地理解顾客需求，定位目标市场，并提供更精准的产品和服务。

1. 基本市场偏好

（1）同质偏好，是指顾客对产品或服务的需求相对一致，这往往是大众消费品的特点，如食品、日常用品等。

（2）扩散偏好，是指顾客对产品或服务需求的分散特点，通常需要满足不同群体的需求，如音乐、电影等娱乐产品。

（3）集群偏好，是指顾客倾向于在特定范围内形成一定的消费群体，如高端奢侈品、特定兴趣爱好类产品等。

2. 市场细分的基本流程

（1）市场调查，是指企业通过问卷、访谈、观察等方式收集关于市场的信息。这包括了解顾客的需求、偏好、购买行为以及竞争对手的状况等。例如，假设某家咖啡连锁企业想进入中国市场，通过市场调查，其发现中国的咖啡顾客偏好在具有文化氛围的空间内享用咖啡，而非简单的快速消费。

（2）数据分析，是指对收集到的市场数据进行分析，找出潜在的市场机会和顾客群体。这一步涉及统计分析、预测模型的运用等。例如，该咖啡连锁企业对市场调查的数据进行分析之后发现，中国年轻咖啡顾客群体特别庞大，对品牌文化和产品体验有更高要求。

（3）市场分化，指的是根据数据分析的结果，确定细分市场的参数（如地理位置、顾客年龄、收入水平、生活方式等），并对市场进行分化处理。例如，根据市场数据，该咖啡企业就可以将市场分为“文化型咖啡顾客”和“快速便捷型咖啡顾客”两大细分市场，并针对这两部分设计不同的营销策略。

3. 市场细分变量

（1）地理，包括区域、城市规模、气候等地理因素。

（2）人文，包括文化背景、宗教信仰、语言习惯等人文特征。

（3）心理，包括顾客行为、消费动机、购买习惯等心理因素。

（4）行为，包括购买频率、购买数量、品牌忠诚度等消费行为相关因素。

4. 有效细分的条件

（1）可衡量性。市场细分变量需要能够量化和测量，方便精准定位目标消费群体。

（2）可营利性。被细分的市场群体需有足够的购买力和消费需求，以保证企业能够从中获得盈利。

（3）可接近性。企业需要能够有效地接触到目标市场，进行产品推广和销售。

（4）可行动性。企业需要有能力满足目标市场的个性化需求，提供有针对性的产品和服务。

（5）差异性。不同市场细分需要有明显的区别和差异，以便企业能够有针对性地满足其需求。

二、选择目标市场

目标市场指的是企业经过市场细分后，确定的特定顾客群体，这些顾客群体对企业的产品或服务表现出较高的需求。目标市场的选择，意味着企业将营销资源和策略集中于这一特定的顾客群体上。

1. 目标市场应具备的条件

（1）足够大的规模或相当的发展潜力。目标市场需要具备足够大的规模，使企业能够通过销售产生利润，或者至少有着较大的增长潜力，未来能够达到可营利的规模。

（2）未被竞争者完全垄断或竞争尚不激烈。选择的目标市场不应该是已经被一个或几个竞争对手完全控制的市场，或者竞争非常激烈的市场，这样才能保证有足够的市场空间。

（3）不存在进入障碍或威胁。理想的目标市场不会存在高昂的进入成本或者法律、政治等方面的障碍，同时也没有来自替代品的严重威胁。

（4）企业有条件或能力进入。企业具备进入目标市场的必要条件，如技术、资本、人才等，并且能够有效管理和控制进入过程中的风险。

2. 目标市场营销策略

（1）无差异营销策略。企业将其产品或服务作为一个统一的市场来看待，采用统一的营销策略，以覆盖所有的潜在顾客。

（2）差异营销策略。企业针对市场细分中的每一个细分市场，设计特定的产品和营销策略，以满足不同细分市场的特殊需求。

（3）集中营销策略。企业选择一个或少数几个细分市场作为其服务的目标，将所有营销资源集中用于这些细分市场。

三、确定市场定位

市场定位是指企业为了在目标顾客的心目中建立其产品与众不同的形象，根据产品特性、竞争环境以及顾客需求，有计划地创造和传递产品的独特价值主张。

1. 市场定位的目的

市场定位的目的是明确产品或品牌在目标顾客心目中的位置，使顾客对产品或品牌有清晰的认知和记忆，从而在充满竞争的市场中突出自己的特色，吸引并维持顾客的忠诚度。

2. 市场定位的步骤

（1）识别潜在竞争优势。通过分析市场、竞争对手和自己的内部条件，确定可能会给企业带来竞争优势的要素。

（2）核心竞争优势定位。选择上述识别的潜在优势中最能吸引目标顾客的一点或几点，将其作为品牌的核心价值主张。

（3）战略制定。围绕核心价值主张制定相应的产品策略、价格策略、渠道策略和促销策略等，形成一套完善、协调一致的市场定位战略。

知识巩固

1. 市场细分是什么？市场细分有哪些变量？

2. 目标市场营销策略的类型有哪些？并分析它们的特点。

3. 市场定位的步骤有哪些？

4. 请选择一种你熟悉的消费品，分析其是如何进行市场细分的。

第四节 顾客服务管理

学习目标

- 1. 掌握服务营销的概念。
- 2. 了解顾客满意度与顾客忠诚度的转化关系。
- 3. 了解应用顾客让渡价值理论的不同营销策略。

一、服务营销

1. 顾客服务的概念

顾客服务是指企业在销售产品或提供服务的过程中，向顾客提供的支持和帮助。它旨在增强顾客的良好购买体验，满足顾客的需求，解决顾客在使用产品或服务中遇到的问题。

2. 顾客服务的基本特性

（1）无形性，是指服务无法被触摸或看见。

（2）异质性，即服务质量可能因提供者、地点、时间等因素而异。

（3）不可分割性，指生产和消费服务是同时发生的。

（4）易逝性，即服务一旦提供就无法存储或保存。

二、顾客满意与顾客忠诚

1. 顾客感知价值及其决定因素

顾客感知价值是指顾客对产品或服务能带来的利益与其所付出的代价之间比较后的评价。它的决定因素包括产品本身的性能、质量、设计、品牌影响力、价格、服务质量以及顾客的个人需求等。

2. 顾客满意

顾客满意是指顾客的期望与产品或服务所提供的实际价值和体验相比较之后所形成的心理状态。若实际体验符合或超出期望，通常会使顾客满意。

3. 顾客忠诚

顾客忠诚指的是顾客对于特定品牌或产品持续购买和推荐的行为。这种行为通常基于顾客对品牌的信任，以及对产品或服务持续满意的结果。

拓展阅读

顾客满意度与顾客忠诚度之间的关系

顾客的满意度是影响其忠诚度的重要因素，一般来说，满意度与忠诚度之间呈正向关系。满意度较高的顾客更可能重复购买产品并将产品推荐给他人，形成忠诚度。如图 4-4-1 所示，虚线左上方表示低度竞争区，虚线右下方表示高度竞争区；图中两条曲线分别表示高度竞争的行业和低度竞争的行业中顾客满意度和顾客忠诚度的关系。其中，曲线的斜率表示满意度对忠诚度的影响程度，斜率较大说明顾客满意度的提升能够显著增加其忠诚度。然而，曲线通常不会呈直线上升，可能在达到某个满意度值后，忠诚度的提升速率会放缓。

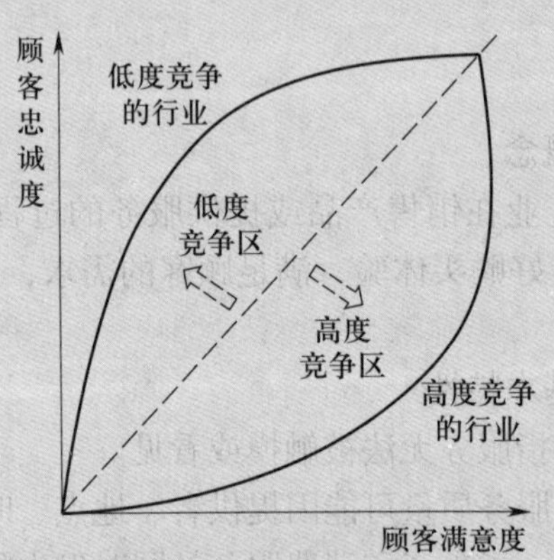

图 4-4-1　顾客忠诚度与顾客满意度的关系示意图

4. 顾客让渡价值

顾客让渡价值是指顾客在购买决策过程中，愿意放弃某些价值，以换取其他形式价值的理念。例如，顾客可能愿意支付更高的价格，以换取更高质量的产品或更好的服务体验。

三、应用顾客让渡价值理论的营销策略

1. 提高顾客总价值

（1）提高产品价值。通过提高产品的质量、性能和功能，以提升顾客获得的实际商品价值。例如，高端手机往往会以其独一无二的技术优势收获大量手机“发烧友”的追随。

（2）提高服务价值。通过提供超出预期的售后服务、便利的购物体验等来提升服务价值。例如，一些电商平台的 7 天无理由退货并赠送运费险就体现了对顾客的关怀。

（3）提高人员价值。培训员工为顾客提供卓越的服务，从而提高顾客与企业人员互动的价值。例如，餐饮行业员工都会接受严格的服务培训，能够在顾客用餐过程中提供及时、专业而又热情的服务，从而提高顾客的满意度。

（4）提高形象价值。通过建立和维护一个积极、可信赖的品牌形象来增加顾客对品牌的好感和信赖。例如，很多服装、饮品品牌都会选择符合其品牌特质的明星作为自己品牌的代言人来发展粉丝经济。

2. 降低顾客总成本

（1）降低货币成本。提供有竞争力的价格、折扣、会员优惠等以减少顾客的花费。

（2）降低时间成本。通过提升操作效率、缩短排队等待时间等来节省顾客的时间。

（3）降低精神成本。减少顾客在购买和使用产品过程中的烦恼和情绪消耗。

（4）降低体力成本。提供便捷的网络购物平台、优化购物流程等，让顾客更容易地购买和使用产品。

知识巩固

1. 请解释什么是服务营销，并列举服务营销中顾客服务的基本特性。

2. 顾客忠诚在企业营销中的重要性体现在哪些方面？

3. 应用顾客让渡价值理论，企业可以采用哪些方法来提升顾客对品牌的忠诚度？

第五章

供应链管理

在这个充满机遇和挑战的商业环境中，供应链管理已经成为企业成功不可或缺的一部分。一个高效的供应链不仅能显著降低企业成本，还能提升顾客满意度，进而增强企业的市场竞争力。我们将从介绍供应链管理的基本概念开始，阐述它如何协调企业从原材料采购到产品交付到顾客手中的整个流程。在采购管理部分，我们会详细探讨如何有效选择供应商，并确保采购到高质量的原材料和商品。在仓储管理部分，我们会讨论如何有效地存储货物，确保产品品质，同时合理规划仓库空间，以促进货物流转的效率。最后，我们将重点关注物流管理，深入分析从运输路线规划到运输方式选择的各个环节，揭示如何通过优化这些环节来提升企业的整体效率和顾客满意度。通过本章的学习，你将深刻领会供应链管理的重要性，并学会如何在实践中应用这些管理策略，从而推动企业走向成功。

第一节 供应链管理概述

学习目标

- 1. 了解供应链与供应链管理的概念，了解企业进行供应链管理的原因。
- 2. 了解供应链管理的 3 种分析观点和 3 个关键决策阶段。
- 3. 了解影响供应链绩效的因素。

一、供应链的概念

供应链是指从原材料采购、加工制造，到产品通过销售渠道到达顾客手中的整个产品流通的各个环节和过程。这些环节的参与者包括供应商、制造商、仓库、物流、分销商、零售商和顾客。

供应链本质上是一个完整的产品生命周期链，涵盖了产品从设计、制造到配送、销售和服务的全过程。为方便理解，这里分别给出某便利店和某时装店的供应链示意图，分别如图 5–1–1 和图 5–1–2 所示。

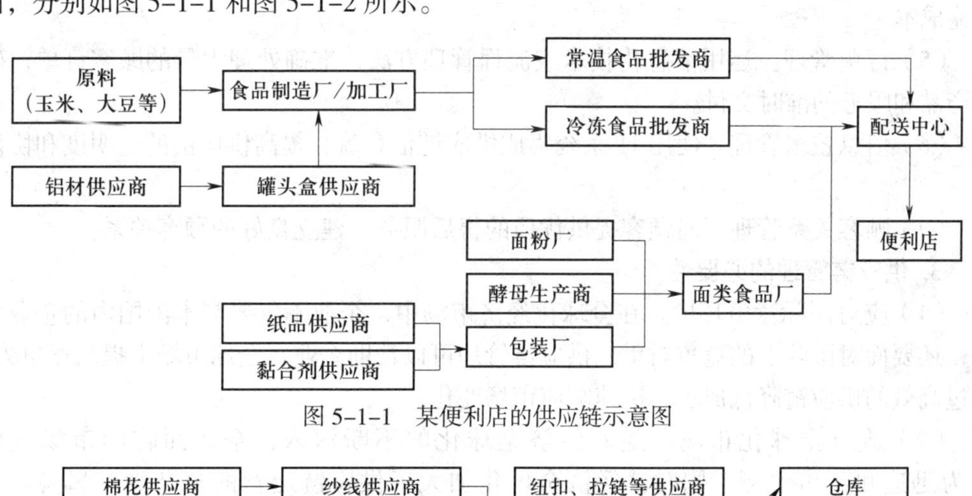

图 5–1–1 某便利店的供应链示意图

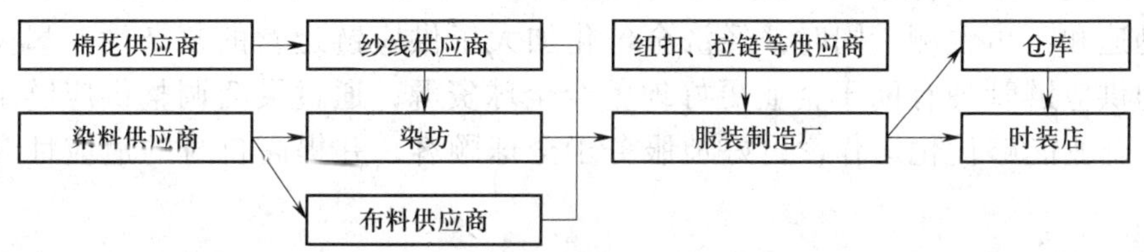

图 5–1–2 某时装店的供应链示意图

二、供应链管理的目标、职能与必要性

供应链管理是指对产品从最初的原材料采购到最终交付给顾客的整个流程中的所有活动进行规划、实施控制和监控的管理过程。供应链管理的重点在于通过系统化的方法优化这些活动的流程，以减少资源的浪费，并提高整个供应链的响应速度和效率。

1. 供应链管理的目标

供应链管理的主要目标是提升整个供应链的效率和有效性，具体包括以下几点。

（1）降低成本。通过精细化管理减少不必要的开销和浪费。

（2）提高质量。保证产品和服务的质量符合顾客的期待与要求。

（3）提升响应速度。当市场和顾客需求发生变化时，供应链应该能快速响应这些变化，保证产品和服务能迅速满足新的需求。

（4）提升顾客满意度。

2. 供应链管理的职能

供应链管理的范畴广泛，它涉及供应链的各个方面。

（1）采购管理。对供应商进行筛选与管理，确定原材料的质量和交付时间。

（2）生产管理。在生产过程中进行计划和控制，从而保证生产效率和产品质量。

（3）库存管理。通过合理控制存货水平，达到减少库存成本的目标，同时确保产品的供应。

（4）物流管理。规划、设计产品的运输和配送，通过优化物流方式和路线，降低运输成本。

（5）订单管理。运用信息化技术或流程管理方法，准确处理大量的顾客订单，确保产品和服务的准时交付。

（6）信息技术管理。使用 IT 系统集成供应链信息流，提高供应链的透明度和协调性。

（7）顾客关系管理。向顾客提供优质的售后服务，建立良好的顾客关系。

3. 供应链管理的必要性

（1）应对国际竞争环境。在全球化经济市场中，企业不仅要与本国国内的企业竞争，还要面对国际上的竞争对手。供应链管理可以帮助企业在全球市场中提高竞争力，通过高效的供应链降低成本，迅速响应市场变化。

（2）适应全球化市场。随着经济全球化的不断深入，企业面临的市场变化更为迅速和不可预测。同时，经济全球化加大了供应链运营的复杂性和风险。而有效的供应链管理有助于企业更好地整合全球资源，通过灵活调整供应链结构和策略，企业能够优化运作，更好地服务于全球顾客，并提高自身的适应性和生存能力。

三、供应链管理的分析观点

1. 流观点

流观点强调的是产品、信息和资金在供应链中的流动，如图 5-1-3 所示。从这个角度看，供应链被视为一个连续的流动过程，其中包括信息流（订单、预测、库存状态等信息的流动）、产品流（产品的物理流动）和资金流（支付、信贷等资金的流动）。管理的关键在于优化这些流的效率和速度，减少阻塞和延误，确保供应链的顺畅运行。

图 5-1-3　供应链流观点示意图

2. 循环观点

循环观点着重于供应链中的每对供应与需求关系，如图 5-1-4 所示。在这个视角下，供应链过程并非单一的线性流动，商流并非只从供给方流向需求方，需求方也会向供给方提供商流，从而形成闭环。而且每个循环中都包含信息流、产品流和资金流的流动。其中，商流指的是商品价值的流动过程，即由货币形态转化为商品形态，以及由商品形态转化为货币形态的过程。具体的商流活动包括买卖交易活动和商情信息活动。

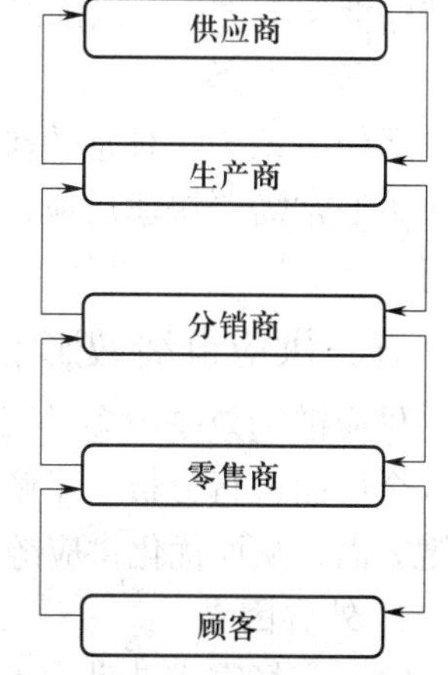

图 5-1-4　供应链循环观点示意图

3. 时差观点

时差观点的核心是供应决策和需求发生的时间点不同，如图 5-1-5 所示。时差等于需求发生的时间点减去供给决策发生的时间点。如果时差为正则为推式供应，反之为拉式供应。而供应链管理的挑战正是在于协调这些时间差，以减少总的周期时间。通过有效的时间管理，可以提高供应链的灵活性和响应速度，减少库存积压，提高顾客满意度。

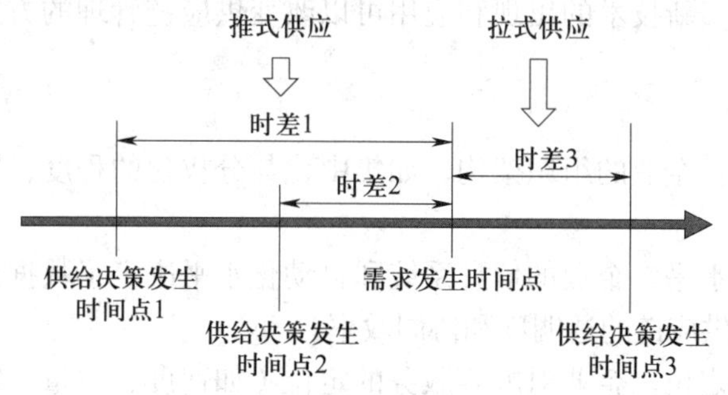

图 5-1-5　供应链时差观点示意图

四、供应链管理的决策阶段

供应链管理的决策可以分为战略决策、计划决策和运作决策 3 个层面，这些决策层面涵盖了从长期规划到日常操作的所有活动。

1. 战略决策

战略决策涉及长期的计划和方向设定，如供应链网络的设计、供应商的选择、产品的生命周期管理等。这类决策对企业的长期发展和竞争力有重大影响，通常需要高层管理者的参与和决策。

2. 计划决策

计划决策处于中期层面，主要涉及如何有效地配置和利用资源来满足预期的需求。具体决策内容包括需求预测、产能规划、库存管理策略、采购计划等。计划决策需要在战略框架下进行，以确保各项计划的协调一致和有效执行。

3. 运作决策

运作决策关注日常的操作和事务处理，如订单处理、生产调度、运输管理等。这些决策通常需要快速反应，涉及具体的操作层面问题，目的是确保供应链活动的高效执行。

五、供应链绩效影响因素

供应链绩效是由多种因素影响的，这些因素可以从外界因素、间接因素和直接因素 3 个层面进行分析。了解这些因素有助于企业更好地识别和管理影响供应链水平的关键方面，从而优化供应链的整体性能。

1. 外界因素

（1）市场需求波动。市场需求的不确定性和变化速度可以直接影响供应链的效率和响应速度。

（2）法律法规变化。国家或地区的政策、法律法规变化可能影响供应链的运作，如环保法规、贸易政策等。

（3）经济环境。经济增长、通货膨胀率和汇率变动等经济因素都可能影响供应链成本和运作效率。

（4）技术进步。新技术的出现和应用可以改变供应链管理的方式，如互联网、大数据和人工智能等。

2. 间接因素

（1）组织架构。企业的组织架构，如集中化与分权化的程度，影响决策效率和信息流通。

（2）技术装备水平。企业的信息系统和自动化水平决定了数据处理和信息共享的能力，直接关系到供应链的透明度和协同效率。

（3）顾客服务定位。企业对顾客服务的定位（如速度、质量、定制化程度）决定了供应链管理的重点和资源分配。

3. 直接因素

直接因素是指那些直接影响供应链操作和日常管理的因素。

（1）物流因素，包括运输、仓储、配送等物流活动的效率和质量，这些都直接影响到供应链的成本和顾客满意度。

（2）跨职能因素，供应链内部各职能部门（如采购、生产、销售等）之间的协作和沟通效率，影响供应链的整体响应速度和灵活性。

知识巩固

1. 想象自己是一家服装零售企业的高层管理者，你需要制定供应链管理的哪些决策？

2. 结合自己线上购物的经历，分析影响顾客满意度的供应链因素，并尝试给出具体的提升建议。

第二节　采购管理

学习目标

- 1. 掌握采购和采购管理的概念，明确采购管理的目标。
- 2. 了解采购管理的基本流程。
- 3. 了解采购管理的主要内容。

一、采购的概念

采购是指企业为满足其生产、经营活动的需要，向供应商购买原材料、商品、服务等活动的过程。这不仅涉及买卖双方的交易，还包括寻找供应商、评估报价、谈判合同条件、确保供应质量和数量、跟踪交付时间等一系列活动。

二、采购管理的概念

采购管理是指在企业内部对采购活动进行规划、组织、指导、协调和控制的过程。其目的是确保按照企业的要求，以最低的总成本、合适的质量和数量，及时地采购到所需的商品和服务。采购管理不仅关注采购活动本身，还包括与供应商的关系管理、采购政策和策略的制定等。

案例分析

某餐饮及后勤管理服务集团的采购流程分析

某餐饮及后勤管理服务集团成立于1966年，是世界公认的为工业企业、公共机构、医院和各类学校等机构提供餐饮和多元化服务的后勤管理供应商。该集团目前从全国1 000多家上游供应商处采购食材，服务1 300多家餐厅和厨房。其整体采购操作可以分为代采和搭载两种模式。

1. 代采模式

在该模式下（见图5-2-1），集团先召集原材料供应商进行竞标，再将中标的原材料供应商信息、价格、首批商品建议采购数量提供给物流承运商，由物流承运商根据建议采购数量代替集团与原材料供应商进行采购，最终保证集团的订单满足率。集团可以根据门店的实际需求量下单，由物流承运商安排货物拣选和配送，二者以订单和实送数量结算采购费用和物流费用。而原材料供应商则直接与物流承运商结算原材料采购费用。

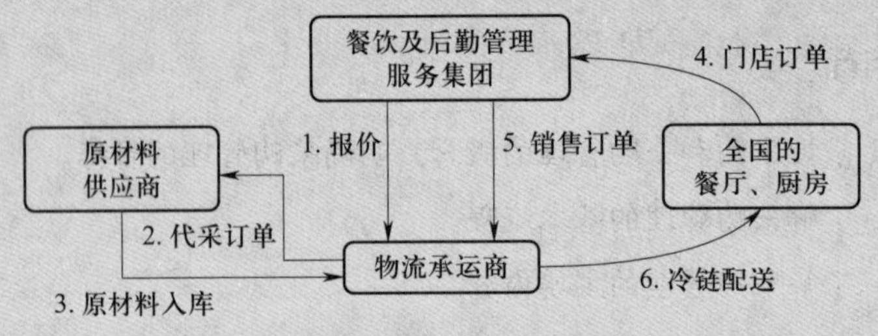

图5-2-1　代采模式示意图

2. 搭载模式

在该模式下（见图5-2-2），集团直接向原材料供应商下达采购订单，再由物流承运商安排入库、存储和配送服务。原材料供应商按照订单要求将原材料送达仓库后，物流承运商应进行质检，再进行门店配送。此时，企业与原材料供应商结算采购费用，与物流承运商只结算运输费用。

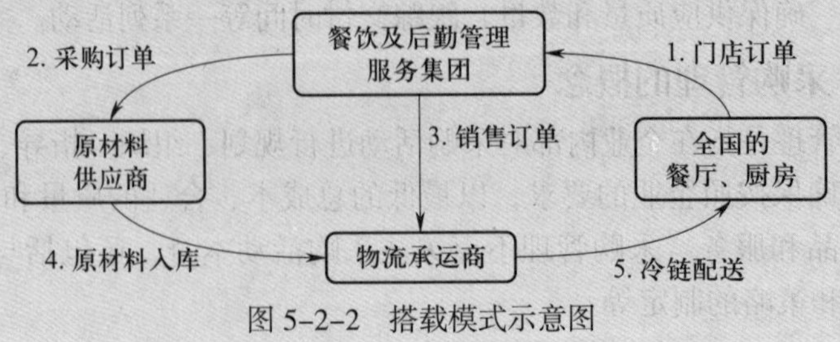

图5-2-2　搭载模式示意图

三、采购管理的目标

1. 降低采购成本

通过谈判、大量采购等方式降低单价，通过优化采购流程和提高效率降低间接成本，以减少总的采购开支。

2. 提高采购效率

通过采购流程优化、信息技术应用等方式，缩短采购周期，减少采购时间，提高整体采购活动的效率。

3. 保证采购质量

确保所采购的商品和服务满足企业的质量标准和要求，通过供应商管理和质量控制减少质量问题。

4. 降低采购风险

通过供应商评估、分散采购来源、签订合同等方式，减少供应中断、价格波动等风险。

四、采购管理的业务流程

1. 采购管理的基本流程

（1）识别需求。明确采购物品的规格、数量和时间要求。

（2）选择供应商。通过市场调研、评估供应商的能力和信誉，选择合适的供应商。

（3）谈判与合同签订。与供应商就价格、交货期、质量等条款进行谈判，并签订采购合同。

（4）执行订单。下达采购订单，跟踪供应商的生产和交货进度。

（5）收货与验收。接收供应商的货物或服务，并进行质量和数量的检验、验收。

（6）支付与结算。根据合同约定完成支付手续。

2. 采购管理的主要内容

（1）供应商管理。建立和维护与供应商的关系，进行供应商的评估和选择，持续改进和优化供应商绩效。

案例分析

某企业的供应商综合月度考核

某企业根据供应商分类模型，将供应商分为伙伴型、优先型、重点商业型、普通商业型4类。每年初，采购部门会同品质管理部门与生产计划部门共同制定各供应商的年度考核目标，并与供应商讨论征得其同意。

该企业的“供应商考评工作指导”规定，对前3类供应商提供月度考评报告，发送给相关部门并反馈给供应商。对普通商业型供应商只需统计考评分数，对供应商的供应表现进行监测，一旦不符合资格可以考虑直接淘汰。

针对供应商的实际表现，对供应商实施以下措施。表现正常供应商：作为年终优秀供应商的评选候选者。警告状态供应商：提出限改时间，若未能达到要求，降为开除状态。开除状态供应商：原则上必须予以开除，如因客观条件不能开除，则需经采购经理同意，责令其限期整改，整改完毕后对其重新进行全面审核，并依据审核结果判断是否回到警告状态。

该企业对不同状态的定义包括以下3项。表现正常：连续6个月考评分大于80分，且质量部分大于30分，交货部分大于20分；警告状态：不能达到连续6个月考评分大于80分，但可间断达到；开除状态：连续6个月考评分小于80分。

该企业还对不同供应商的实际表现进行了细致的等级划分，表5–2–1和表5–2–2分别为该企业的考核标准分值细则和对某重点商业型供应商的考核结果。

表5–2–1　某企业对供应商的考核标准分值细则

质量合格率	得分	交货准时率	得分	价格	得分	支持	得分
100%	35	99% ~ 100%（含）	25	报价合理、透明	2	反应及时到位	5
99.5% ~ 100%	30	95% ~ 99%（含）	20	价格有竞争力	12	合作态度良好	3
98.5% ~ 99.5%（含）	25	90% ~ 95%（含）	15	不断降低成本	2	沟通手段齐备	3
97.5% ~ 98.5%（含）	15	80% ~ 90%（含）	20	向顾客让利	2	共同改进积极	5
95.5% ~ 97.5%（含）	5	70% ~ 80%（含）	5	收款发票合格、及时	2	其他	4
≤ 95.5%	0	≤ 70%	0	满分	20	满分	20

表 5-2-2 对某重点商业型供应商的考核结果

供应商名称: 主要产品:

考核期: 报告期:

考核项目	满分	供应商月度表现得分											
		1月	2月	3月	4月	5月	6月	7月	8月	9月	10月	11月	12月
质量	35	33	34	34	30	30	33						
交货	25	24	24	23	22	24	24						
价格	20	14	14	14	15	15	15						
支持	20	12	12	12	12	12	12						
总分	100	83	84	83	79	81	84						

（2）合同管理。管理采购合同的谈判、签订、执行和变更，以确保合同的履行。

（3）质量管理。通过质量检查和供应商质量管理，确保采购的商品和服务符合企业的质量要求。

（4）成本管理。监控和控制采购成本，通过谈判、成本分析、市场调研等方式降低采购成本。

（5）风险管理。识别和评估采购过程中可能出现的风险，制定相应的风险应对措施和策略。

知识巩固

1. 请简述采购管理的目标有哪些，并分析如何实现这些目标。

2. 采购管理的基本流程和主要内容有哪些？

第三节 仓储管理

学习目标

- 1. 掌握仓储的概念，掌握仓储的功能和不同仓库经营类型的特点。
- 2. 了解仓储管理的内容。
- 3. 熟悉仓储管理的原则。

一、仓储与仓储管理

1. 仓储的概念

仓储指的是在供应链中，为了实现商品的保存、保护及通过各种手段提高物流效率而进行的货物存放活动。它不仅仅是简单地将商品堆放在一个空间内，还需要根据商品的特性和需求进行科学的管理和调配。

2. 仓储的原因

（1）降低运输和生产成本。虽然仓储及相关的库存会增加费用，但是也可能提高运输和生产的效率，降低运输和生产成本，从而达到新的平衡。

（2）协调供求。因为某些企业的生产具有季节性特征，但市场需求量连续不断且比较稳定，因此企业会面临协调供求的问题。

（3）生产需要。仓储也可以被看成生产过程的一部分，诸如奶酪、酒类产品在制造过程中需要储存一定时间进行发酵。

（4）提高顾客满意度。前置仓储可以使产品更接近顾客，有利于缩短运输时间和交货时间，从而使企业可以改善服务，并增加销售量。

3. 仓储的功能

（1）储存是仓储最基本的功能，即暂时存储货物以平衡生产和消费的时间差异。

（2）集中。将小批量的货物集中起来，以便进行统一管理和调配。

（3）拆装。根据需要将大批量的货物拆分为小批量，或将几种商品组合成套装销售。

（4）混装。将不同种类的商品按照一定的比例混合在一起，以满足特定的顾客需求，并实现规模效应。

4. 仓库经营类型

（1）自营仓库。企业自己投资建设和管理的仓库，对于控制库存、提高供应链响应速度具有重要作用。而且，对于某些存储时需要专业人员或专门设备的产品（如某些化学品），自营仓库可能是唯一可行的选择方案。

（2）短期租赁仓库。根据短期需求租用仓库空间，适用于季节性存储需求或临时项目。大多数公共仓库在提供诸如储存、集中、混装和拆装等基本服务的同时还靠提供多种服务来吸引和挽留企业租赁公共仓库，包括：协助顾客控制库存；帮助顾客进行产品追踪；帮助顾客进行销售分析；协助顾客进行订单处理。

（3）长期租赁仓库。为了减少资本投入而选择的长期租用仓库空间，适合稳定的存储需求。

（4）在途存储。在途存储指的是货物在运输过程中的临时存储，通过调整运输方式和路径达到减少存储时间和成本的目的。这是一种特殊的仓储形式，需要与运输方式或运输服务的选择相协调。

值得注意的是，不同类型的仓库对于供应链管理具有不同的优势与劣势，表 5-3-1 比较了以上 4 种仓库类型的优势与劣势。

表 5-3-1　不同经营类型仓库的优势与劣势

经营类型	优势	劣势
自营仓库	1. 完全控制。企业可以完全控制仓库的管理和操作，根据自己的需要进行调整 2. 灵活性。适应企业长期发展变化的需要，可以随时根据业务量的增减调整存储策略 3. 成本效益。长期来看，自营仓库可能更具成本效益，尤其是对于有大量、稳定存储需求的企业	1. 初始投资高。需要一次性投入大量资金用于建设和设备采购 2. 固定成本高。无论仓库是否充分利用，都会产生固定的维护成本
短期租赁仓库	1. 选址灵活。适合季节性或短期项目的存储需求，可以根据需求增减仓储空间 2. 较低的初始投资。无须大量资金投入建设和维护	1. 成本较高。短期租赁仓库的成本通常高于长期租赁仓库或自营仓库 2. 控制力有限。受限于仓库所有者的规定和操作流程
长期租赁仓库	1. 成本可控。长期租赁合同可以锁定成本，避免市场波动 2. 无须大额初始投资。与自营仓库相比，长期租赁仓库减少了初始投资	1. 灵活性较低。一旦签订长期租赁合同，企业可能难以应对快速变化的存储需求 2. 可能存在额外费用。长期租约可能包含一些额外的维护或管理费用
在途存储	1. 减少仓储时间和成本。通过优化运输路线和方式，减少货物的停留时间 2. 提高效率。使货物在运输过程中更加高效地利用时间	1. 需要高效的物流协调。要求企业有能力进行精细化的物流规划和协调 2. 可能受外部因素影响，如运输途中的延误或损坏风险

5. 仓储管理的概念

仓储管理涉及对仓库内货物存储和流通活动的规划、组织、指挥、协调和控制，以确保货物安全、高效地存储和流通。具体包括仓库设计与布局、库存管理、信息管理及货物入库、存储、出库管理等多个方面。目标是通过降低仓储成本、提高仓库操作效率和服务质量，以支持企业的整体运营和供应链管理策略。

二、仓储管理的内容

1. 仓库选址规划

（1）内容：选择所设立仓库的地理位置和环境以便优化供应链。

（2）目的：确保仓库位置能够使得物流成本最低，同时确保服务水平最高。

（3）考虑因素：包括交通便利性、原材料与市场接近度、土地成本、政策法规等。

2. 仓库空间布局

（1）内容：安排仓库内部空间的分配和利用。

（2）目的：提高仓库作业效率，确保存储容量和货物流通性。

（3）考虑因素：货物的入库、存储、拣选、出库流程，货物的特性，工作人员的安全和健康。

（4）设计原则：高效利用空间、减少货物搬运距离、优化货物流通路径。

3. 仓库设备布置

（1）内容：确定仓库内所需设备的种类、数量和布局位置。

（2）目的：优化仓储操作流程，提高作业效率和安全性。

（3）考虑因素：货物特性、作业流程、设备成本和效率。

（4）设备类型：货架、搬运设备、自动化排序系统等。

4. 仓储作业组织和流程

（1）内容：规划和组织仓库的日常操作流程。

（2）目的：优化作业流程，减少作业时间，提高仓储作业效率。

（3）考虑因素：货物流通的逻辑性、人员配置、作业时序性。

（4）设计原则：简洁性、标准化和可持续性。

5. 库存管理

（1）内容：控制仓库内存货的数量和种类，保证供需平衡。

（2）目的：保持适当的库存水平，避免过剩或缺货，降低仓储成本，同时保证库存足以满足市场需求。

（3）考虑因素：需求预测、供应周期、库存成本和安全库存水平。

（4）策略：采用先进先出、定期盘点、库存预警等管理策略。

三、仓储管理原则

1. 效率原则

通过优化作业流程和提高作业效率，减少货物处理和存储时间。

2. 经济效益原则

在确保服务质量的前提下，通过合理的布局设计和库存管理，降低仓储成本。

3. 安全原则

采取适当的安全措施，确保仓库的物理安全、货物安全和人员安全。

4. 服务原则

通过高效的仓储管理，提供及时、准确、高质量的服务，满足顾客需求。

知识巩固

1. 自营仓库、短期租赁仓库、长期租赁仓库和在途存储的特点是什么？并分析在什么样的情境下适合选择哪种仓库类型。

2. 仓储管理在供应链中的作用是什么？

第四节　物 流 管 理

学习目标

- 1. 掌握物流管理的概念和目标。
- 2. 了解物流管理的内容。
- 3. 了解各种运输方式在供应链中的作用。

一、物流管理的概念和目标

1. 物流管理的概念

物流管理是对供应链中的物料流动和存储过程进行规划、组织、协调、控制和优化的一系列活动，其中运输管理是其主要工作内容。随着时代和技术的不断发展，物流的界定范围也发生着变化，图 5-4-1 展示了物流界定范围的大体变化。

（1）管理职能：计划、实施和控制。

（2）定位：物流管理是供应链管理过程的一部分。

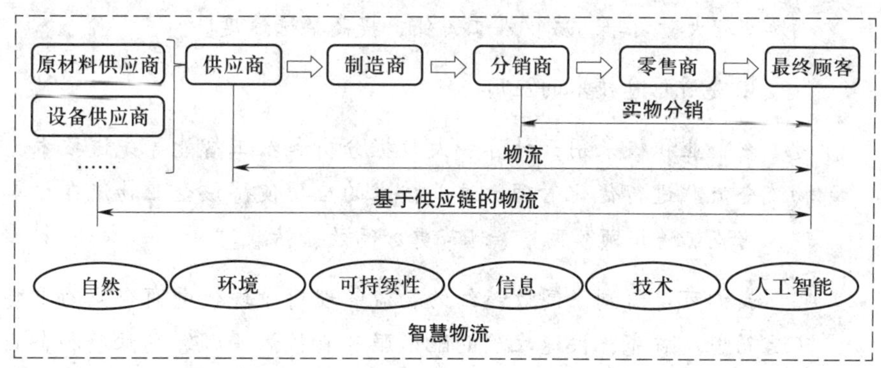

图 5-4-1　物流界定范围的大体变化示意图

2. 物流管理的目标

物流管理的目标是提高物流效率，降低物流成本，同时确保顾客满意度。它努力实现货物快速、准确、符合成本效益原则地从供应地移动到需求地。

案例分析

某电商企业的独立物流子集团

某电商企业拥有中国电商领域规模最大的物流基础设施，且是全球唯一拥有中小件、大件、冷藏、冷冻、仓配一体化物流设施的电商企业。该企业的专业配送团队能为顾客提供次日达、夜间配、2小时极速达、包裹实时追踪、快速退换货以及家电上门安装等服务，保证顾客能够享受全面的物流配送和完整的端到端购物体验。这离不开该企业的物流管理策略。

1. 仓库选址与网络布局优化

该企业在全国范围内建设了7个物流中心，运营了256个大型仓库，拥有6 906个配送站和自提点，通过优化仓库选址与网络布局，最终确保了物流配送的速度和效率。利用先进的数据分析技术，该企业还能够根据市场需求和购买行为预测，在关键地区布局仓储设施，实现更短的配送时间和更低的运输成本。

2. 智能化仓库管理

该企业物流运用自动化仓库管理系统和机器人技术，大幅提升了仓储作业的效率和准确性。通过自动化分拣系统，该企业可以快速准确地处理大量订单，减少人工差错，提高拣选速度。

3. 先进信息技术的应用

该企业积极采用云计算、大数据分析和人工智能等先进技术，对物流全流程进行优化管理。这些技术的应用使得该企业物流在订单处理、物流配送和顾客服务等环节更加高效、精准。

我们可以看到，高效精细的物流管理对于现代电商企业的重要性不言而喻。首先，快速准确的配送服务直接影响顾客满意度和企业的品牌形象。其次，通过优化仓储管理和库存控制，企业能够有效降低运营成本，提高整体效益。最后，利用先进的信息技术进行物流管理，不仅可以优化内部作业流程，还能提升企业应对市场变化的灵活性和竞争力。

二、物流管理的内容

1. 物流战略管理

（1）内容：制定长期物流发展规划，包括选择物流合作伙伴、建立物流网络等。

（2）目的：确保物流系统的长期效率和可持续性。

2. 物流运输管理

（1）内容：运输决策主要包括5个要素，分别是时间、地点、被载物、承运方和载体。时间是指确定从何时到何时运输产品；地点是指确定从何地到何地运输产品；被载物是指确定每次运输的产品种类和数量；承运方是指确定由自己安排运输调度还是交给第三方物流企业；载体是指确定使用何种运输工具。

（2）目的：确保物流活动的高效和顺畅。

3. 物流成本管理

（1）内容：监督和控制物流活动中的成本，如运输成本、仓储成本。

（2）目的：通过有效管理，减少总成本，提高企业盈利能力。

案例分析

某快递物流企业的物流成本管理

某快递物流企业作为中国领先的快递物流企业之一，以提供门到门的快速配送服务见长。该企业通过建设大型物流枢纽、航空运输网络以及智能化仓储配送中心，极大提高了整个供应链的时效性和可靠性。同时，该企业也相当重视物流成本的管理，并采用了一系列物流成本控制策略来提升效率和服务水平。

1. 优化运输网络。该企业通过分析运输数据，不断优化物流航线和路线网络，从而减少无效运行和转运次数，降低油耗和时间成本。

2. 集中分拣中心。该企业建立了多个大型集中分拣中心，并运用自动化设备和智能系统进行高效分拣，缩短了处理时间，降低了人工成本。

3. 投资航空资源。该企业拥有自己的航空货运企业，即通过控制关键运输环节，实现了对航班装载率的优化，从而降低单位物品的运输成本。

4. 智能化信息系统。该企业在信息系统上投入了大量人力物力，最终实现了物流全过程的透明化管理，有利于优化库存管理和车辆调度，并提高响应速度和服务水平。

5. 绿色包装和重复利用。该企业使用绿色环保包装材料，近年来也在推进快递包装的回收再利用，不仅有利于减少材料成本，还提升了企业的社会形象。

从这些物流成本管理策略可以看出：该企业展现了其在物流运输领域的深度认识和高效执行力，首先在降低物流成本的同时提高了物流效率，用较短的配送时间获得了顾客的品牌忠诚；其次通过成本控制，该企业能以更具竞争力的价格提供服务，从而进一步扩大市场份额；最后采取环保措施，不仅能节约成本，也确保了该企业的长远发展。这一案例表明，物流成本控制对于提升企业整体绩效、增强顾客满意度和确保可持续发展具有至关重要的意义。

4. 物流服务质量管理

（1）内容：评估和监控物流服务的质量，包括交货速度、准确性、可靠性。

（2）目的：提高顾客满意度，增强顾客忠诚度。

三、物流运输在供应链中的作用

物流运输对于保持整个供应链的流畅、提高生产效率、降低成本起着至关重要的作用，它连接着生产、仓储和销售的每一个环节，确保物品从原点到终点的有效流动。正确选择运输方式，是保证供应链高效运作的重要因素之一，而不同的运输方式各有特点，实际中需要具体情况具体分析。

1. 航空运输

航空运输是指使用飞机将货物从一个机场运输至另一个机场。

（1）优点：运输速度快、远途运输时间效率高、可以覆盖全球大部分地区。

（2）缺点：成本较高、受天气影响大、货物运载量相对较小。

（3）适用场景：适用于远距离、急需送达、高价值以及具有腐烂易变质特点的货物运输。

2. 公路运输

公路运输指的是利用不同容量的货车通过公路网络进行货物运输。

（1）优点：灵活性高、可以门到门服务、短途或中途运输范围广。

（2）缺点：受天气和道路条件影响、运输速度比航空运输慢、长距离成本较大。

（3）适用场景：适用于地理距离较短或需要快速送达且运货量不是特别大的货物运输。

3. 铁路运输

铁路运输是指通过铁路网络进行货物运输的方式。

（1）优点：可以承载大量货物、成本较低、受环境和气候影响小。

（2）缺点：运输速度相对较慢、灵活性不如货车、依赖铁路网络布局。

（3）适用场景：主要适用于大宗货物、长距离运输以及不急于送达的货物。

4. 水路运输

水路运输是指利用船舶在海洋、河流、湖泊中进行的货物运输。

（1）优点：成本低、适合大规模和重质货物运输、能耗低、覆盖范围广。

（2）缺点：运输速度慢、易受到政治和自然因素的影响。

（3）适用场景：主要用于国际贸易中的大宗商品运输，如石油、矿石等。

5. 管道运输

管道运输是指通过管道系统输送液态或气态货物的一种运输方式。

（1）优点：连续运输、安全性高、受外界影响小、运输成本极低、不受交通拥堵影响。

（2）缺点：建设成本高、适用范围有限、专用性强。

（3）适用场景：主要适用于输送石油、天然气、煤矿浆以及一些化学品和饮用水。

6. 多式联运

多式联运指的是将两种或两种以上的运输方式有机结合起来，对货物进行门到门的运输服务。

（1）优点：综合了各种运输方式的优点、可实现最优的运输路线和费用、提升运输效率。

（2）缺点：需要较好的物流协调和管理能力、运输过程中转可能导致损失。

（3）适用场景：主要用于国际长途物流，特别是需要多种运输方式结合运输的复杂货物运输任务。

不同运输方式的特点比较见表 5-4-1。

表 5-4-1　　不同运输方式的特点比较

运输方式	航空运输	公路运输	铁路运输	水路运输	管道运输
覆盖范围	有限	广泛	有限	受约束	固定
主要优势	满足时效性要求	运输工具种类多、可实现门到门服务	运量大、成本较低	成本低	可持续运输
局限性	装载量小、受天气影响	装载量小	速度相对较慢	速度慢、受政治和自然因素影响	仅适用于液态或气态等特殊产品运输

知识巩固

1. 物流管理的主要内容有哪些？

2. 哪些运输方式适合运输体积大、价值低的货物？为什么？

3. 请尝试比较线上食品零售商和线下连锁食品超市的运输成本。

4. 请尝试分析为什么一些电商平台除了开展自己线上平台的主营业务之外，也会拥有自己的仓库和物流团队？

第六章 生产与运作管理

本章将带你深入探索制造与服务行业的核心——生产与运作管理。首先，我们将揭示生产与运作管理的基本概念与框架，为你构建全面的认知基础。通过剖析产品开发与设计的精髓，我们将探究如何将市场需求转化为创新产品的解决方案。其次，本章还将深入探讨生产计划与组织的战略与实践，带你了解如何有效地配置资源，确保生产目标的顺利达成。最后，我们将着重阐述生产现场管理的重要性和策略，展示如何在日常操作中保持效率、质量和安全标准，使你能够掌握生产与运作管理的关键知识，为未来的管理实践打下坚实基础。

第一节　生产与运作管理概述

学习目标

- 1. 掌握生产与运作管理的过程、目标及其衡量指标。
- 2. 了解不同生产类型的特点，并了解划分不同生产类型的意义。
- 3. 了解现代生产与运作管理的特点。

一、生产与运作管理的过程和目标

1. 生产与运作管理的过程

生产运作活动是企业最基本的活动之一，它直接关系产品和服务的创造过程，决定了企业能否高效利用资源、满足市场需求、提供优质产品和服务以及取得竞争优势。良好的生产运作能够帮助企业控制成本、提升效率、保障质量和提高客户满意度，并最终决定企业的盈利能力和市场地位。生产运作系统要素主要被归纳为人、设备、原材料、技术和计划控制。

生产运作是创造的过程，即将投入转换为产出，图 6–1–1 抽象概括了生产运作的过程。在此过程中转换系统需要消耗系统的资源要素，资源要素大致可以分为硬件资源和软件资源两类。其中，硬件资源要素具体指生产技术、生产设施、生产能力、系统集成；软件资源要素则包括人员组织、生产计划、库存管理、质量管理等。在整个生产与运作管理的过程中，管理者需要不断监控和改进投入、转换过程和产出的每一个环节，以确保过程的高效率和产出的高质量。通过这种方式，企业才能够在竞争激烈的市场中占据有利地位。

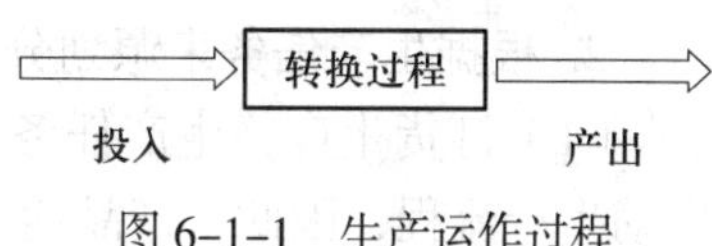

图 6–1–1　生产运作过程

2. 生产与运作管理的目标及其衡量指标

生产与运作管理的主要目标是通过高效的资源利用，在生产高质量产品和提供高质量服务的同时，保证成本控制、提高客户满意度、增强企业竞争力。换句话说，生产与运作管理的本质就是提高转换系统的效率，而衡量转换系统效率的主要指标有以下几个。

（1）效率：生产率 = 产出 / 投入。

（2）成本：单位成本 = 总投入 / 总产量。

（3）质量：产品合格率。

（4）时间：产品生产周期。

（5）速度：新产品投放市场的频率。

（6）适应性：企业提供多样化产品的能力。

二、生产类型

生产类型的分类有助于企业根据不同的生产任务和市场需求选择合理的生产方式，从而优化资源配置、提高生产效率、降低成本。

1. 根据工作的负荷系数划分

（1）单件小批生产。这种生产类型主要针对特定客户的个性化需求，生产量小，产品设计和生产过程通常具有较高的灵活性，而且对技术和工人技能水平要求较高。

现实中如定制家具制作、高端定制机械设备、精密仪器制造等，都是单件小批生产的典型代表。

（2）成批生产。在成批生产中，相同或相似的产品被分批次生产。每批次的产品数量较多但并非连续不断生产，每完成一批产品的生产后，可能需要对生产线进行调整以生产另一批次的产品。

成批生产主要在服装生产、书籍印刷等行业中比较常见，例如，一家服装厂可能在春季生产一批夏季衬衫，然后转换生产线生产秋季外套。

（3）装配线生产。这种生产类型主要针对大规模的标准化产品需求，生产量大，产品设计和生产过程通常具有较低的灵活性，但效率极高，而且对技术和工人技能水平的要求相对较低。每个工人或工位负责完成某个特定的步骤，产品在各个工位之间按照固定流程流动，最终完成组装。汽车制造、家电生产、电子产品装配等，都是装配线生产的典型代表。

（4）大量生产。其特征是对单一产品或极少种类的产品进行长期、连续的生产。这种类型的生产适用于市场需求量大、产品标准化程度高的情况。通常其生产线具有较高自动化程度，生产效率非常高。

大量生产也被称作连续生产，常见于石油精炼、日用消费品（如糖、饮料、洗发水）生产等。

2. 根据生产任务来源划分

（1）订货生产，生产任务基于客户订单进行。企业只有在接到客户订单后，才会启动生产流程，因此，产品通常具有高度定制化。

大型设备制造、建筑工程、软件开发等领域常见到订货生产。例如，一家造船厂通常只按照客户的具体需求来建造船只。

（2）备货生产，生产任务不是基于特定的客户订单，而是基于市场需求预测和销售计划。企业会提前生产一定量的产品，然后存储在仓库中，待客户订单到来时立即发货。

这种模式常见于日用消费品的生产，如食品、服装和电子产品等。例如，一家生产洗漱用品的企业可能会基于历史销售数据预测未来的需求量，按此量提前生产。

（3）订货装配。这种生产类型介于订货生产和备货生产之间。企业会预先生产和储存一些标准化零部件或半成品，当接到客户订单后，根据客户的具体需求从库存中选取相应的零部件进行快速装配和定制。

例如，一家计算机组装企业可能存有各种标准化的处理器、内存条和硬盘，顾客根据自己的需求进行选择，企业则根据这些选择组装出满足个性化需求的计算机。

3. 产品—过程矩阵

制造业各生产类型的产品品种数和产量特点如图 6–1–2 所示，该图也被称为产品—过程矩阵。划分生产类型有利于研究各种生产类型的共同特点，并研究具有针对性地提高生产效率的方法，还可以借鉴同类型其他企业的经验，提高企业的管理水平。

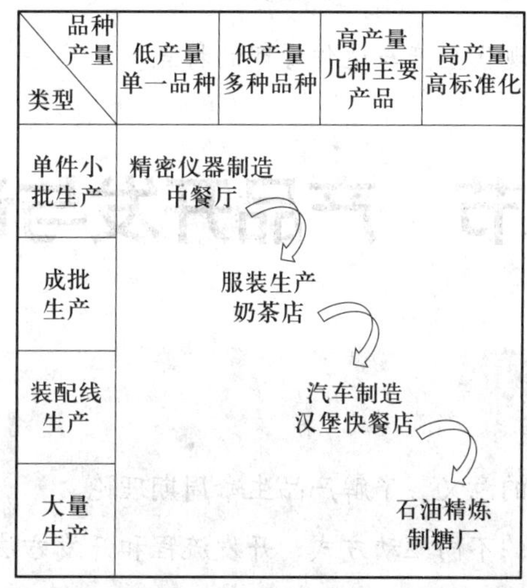

图 6–1–2　产品—过程矩阵

三、现代生产与运作管理的特点

1. 管理范围更广泛

在现代企业里，生产与运作管理的涉及范围已经相当广泛，它不仅关注产品的制造方法，还需考虑员工、机器设备和原材料之间如何更默契地配合，以保证生产线上每个环节都能顺畅无阻。从原料采购、存货管理到生产计划、品质控制，直至产品送达客户手中，每一个细节都需关注到，以确保整个系统能像油润的齿轮一样高效运转。

2. 与经营管理的联系更加紧密

生产与运作管理不是一个孤岛，它和整个企业的经营管理紧密相连，就像心脏和大脑的关系一样。经营策略决定了要制造什么样的产品、要生产多少产品，生产运作就得按照这个策略来安排生产。这涉及成本控制、市场响应速度、资源的优化配置等诸多方面，要步步为营，步步精准。

3. 个性化生产成为主流

如今的顾客讲究个性，他们不再满足于拥有人家都一样的东西，而是要“特别定制”，这就要求生产与运作必须有造一件也精的本事。企业要从用户的需求出发，让每个产品都有自己的特色。这种生产形式的流行，让生产与运作管理变得更加灵活多变，要随时应对各种需求。

4. 广泛运用计算机技术

在这个信息爆炸的时代，计算机技术已经成为生产与运作管理的主要工具。生产与运作管理需要大量使用计算机来完成复杂的计算、布局规划、数据分析，甚至还有智能化的机器人在生产线上工作。基于信息化技术，生产与运作管理可以做出更科学的决策，更精准的预测，把握市场的脉搏。

知识巩固

1. 请解释说明订货生产、备货生产和订货装配 3 种生产类型的特点。
2. 请简述现代生产与运作管理的特点。

第二节　产品开发与设计

学习目标

- 1. 掌握产品开发的意义，了解产品生命周期理论。
- 2. 了解产品开发的不同驱动方式、开发流程和开发方法。
- 3. 了解面向不同对象的产品设计思路。

一、现代产品开发

1. 产品开发的意义

通过引入创新元素，新产品能够引起消费者的兴趣，推动市场需求，从而实现企业的增长与扩张。同时，不断推陈出新的产品组合有助于企业分散经营风险，适应市场的变化，并降低产品可能面临的市场饱和或技术过时的风险。

2. 现代产品的扩展

现代产品已经超越了传统有形实物产品的定义，涵盖服务、软件、平台等多种形式。产品的多元化，如科技与其他行业的融合、实体产品与虚拟服务的整合以及提供配套服务的增值产品，展现了现代产品在形式和功能上的扩展。这些扩展不仅丰富了产品本身，也提升了消费体验，满足了市场对个性化和多功能产品日益增长的需求。

拓展阅读

产品生命周期理论

产品生命周期（见图 6-2-1）是指产品从问世到退出市场所经历的 4 个阶段：引入期、成长期、成熟期和衰退期。在引入期，产品处于市场渗透初期，需求逐渐建立；在成长期，产品认可度提高，需求量增大；在成熟期，产品达到销售高峰，市场竞争激烈；在衰退期，产品受新技术或新产品影响，市场需求减少。理解产品生命周期有助于企业制定合适的市场策略和产品更新计划。

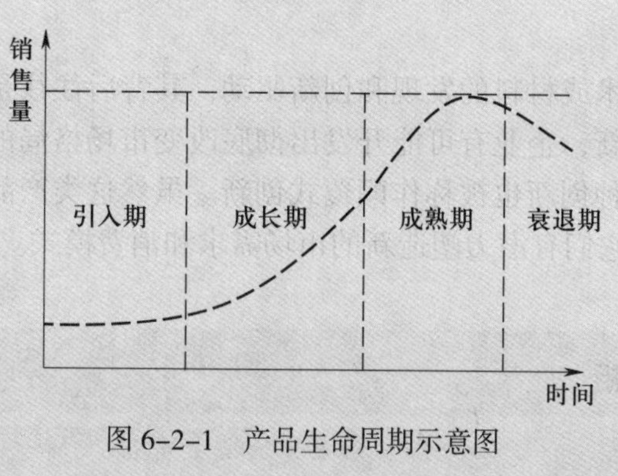

图 6-2-1　产品生命周期示意图

二、产品开发的驱动方式

1. 市场拉动

市场拉动是根据消费者的需求和偏好来引导产品开发。通过市场研究，企业能够收集关于消费者想要什么、不喜欢什么的信息，然后据此开发新产品。这种方式能够确保产品的市场接受度并满足目标市场的具体要求，有助于减少市场推广的难度和风险。

案例分析

某保温产品企业的市场共鸣——“以用户之名，温度由心”

某保温产品企业在中国市场以其高质量的保温瓶、保温杯和食物容器而闻名。该企业深谙消费者追求品质生活的需求，不断通过市场调研来识别消费者的需求，如轻便旅行时的饮水需求、户外运动时的饮品温度保持以及办公室员工对优质午餐容器的需求等。面对这些需求，该企业推出了一系列创新产品，如超轻量保温瓶、带滤网的茶杯以及便于携带的保温食物盒等，充分体现了市场拉动的产品开发战略。例如，该企业针对运动爱好者推出的轻便型保温水壶具有出色的保温性能，同时质量轻、便于携带，并使用专为户外设计的防滑、防摔材质。

该企业的这种“以用户为中心”的设计理念不断推动着产品线的更新换代，确立了其在顾客心中的专业形象。通过细分市场策略，结合对终端用户洞察的市场拉动手法，该企业不仅满足了顾客的实际需要，同时也提高了顾客的品牌忠诚度和推荐度。

2. 技术推动

技术推动由新技术或材料的发现和创新驱动，其背后往往是研发投入和科学进步的结晶。通过技术创新，企业有可能开发出彻底改变市场格局的产品，为消费者创造全新的使用体验，这种创新也被称作颠覆式创新。虽然这类产品最初可能并非由直接的市场需求驱动，但它们有潜力塑造新的市场需求和消费模式。

案例分析

某无人机企业的创新飞翔

通过技术革新和高标准的产品质量，我国某飞行器设计与生产企业在消费级和专业级无人机领域表现出色。该企业不仅成功研发了多款行业领先的无人机，更颠覆了世界对无人机的传统认识。在“精英工程师 + 专业摄影师”的研发团队助力下，该企业以持续的技术创新推动产品开发。例如，Phantom 和 Mavic 系列无人机不断突破技术障碍，实现了更长的续航能力、更稳定的飞行控制以及成像系统的革新。此外，该企业还通过优化无人机的飞行控制系统、图像传输技术以及相机的稳定化技术，来满足专业摄影和视频制作的高标准需求。

该企业的成功在很大程度上归功于其持续的技术驱动策略，包括自主研发的飞行控制技术和创新的用户界面设计，这些都大大超出了市场的预期，这种执着于创新、不断推出市场渴求的新功能和性能的策略，确立了其在全球无人机市场的领先地位。

3. 竞争驱动

竞争驱动产品开发意味着企业为了在市场竞争中取得优势而持续更新产品线。这通常需要对竞争对手的产品和市场策略进行深入分析，以确保新产品在功能、设计、质量、成本和价格等方面与竞争对手形成有效的差异化竞争。通过持续创新和优化产品功能，企业能够稳固并扩大市场份额。

案例分析

某中国汽车工业老字号的复兴之路

某企业作为中国汽车工业的老字号，近年来通过一系列战略调整和产品创新，在竞争激烈的汽车市场中实现了品牌的复兴。面对国内外各大汽车品牌的激烈竞争，该企业通过推出具有中国传统美学元素且融合高科技配置的车型，成功吸引了消费者的目光，同时也表达了品牌的文化自信和创新精神。

在市场竞争中，该企业不仅注重产品的技术革新，更加注重如何在产品中融合中国的文化特色和先进技术，以区别于其他汽车品牌。该企业的这一措施，不仅塑造了品牌的独特魅力，也使其在激烈的高端市场中稳步提升了市场份额，赢得市场和消费者的认可，实现了品牌的历史性复兴。

三、产品开发流程

1. 计划阶段

计划阶段是产品开发流程的起点，此时主要确定产品开发的目标、预算和时间表。在该阶段，企业需要分析市场趋势、评估内部资源、确定目标群体，并建立清晰的项目管理计划。

2. 产品构思阶段

产品构思阶段涉及创意的激发和收集，开发团队会通过头脑风暴、市场研究、竞品分析等手段收集多种创意。这个阶段着重于创造力与想象力的发挥，产生能够解决市场需求或创造市场机会的产品概念。

3. 产品选择阶段

产品选择阶段是对前一阶段产生的构想进行评估、筛选的阶段。产品选择的主要依据包括商业潜力、技术可行性、市场兼容性和成本效益等。在此阶段，企业会利用专家评审、财务分析以及市场测试等方法来选出最具潜力的产品方案，进而进入下一开发阶段。

4. 初步设计阶段

初步设计阶段是对选定的产品构思进行详细设计的阶段。这包括定义产品的功能、外观、用户界面和技术规格等。工程师和设计师会协同工作，使用计算机辅助设计软件来创建产品的初步设计图。此阶段的目的在于确立产品的基本框架和结构，为原型的创建打下基础。

5. 原型构造与检验阶段

原型构造与检验阶段决定了产品设计的准确性和实用性。在这一阶段，要根据初步设计方案制作出产品的第一个实体模型或原型，并对其进行全面的功能测试和用户体验测试。测试结果将直接影响产品设计的调整和优化。原型检验对于发现设计缺陷、避免后续生产中的错误至关重要。

6. 最终产品设计阶段

最终产品设计阶段是基于原型测试反馈进行的设计修正和完善过程。这一阶段主要关注解决发现的问题，优化产品性能，确保产品设计完全符合生产和市场要求。完成这一阶段后，产品设计便基本定型，可以进入量产准备。产品开发流程示意图如图 6–2–2 所示。

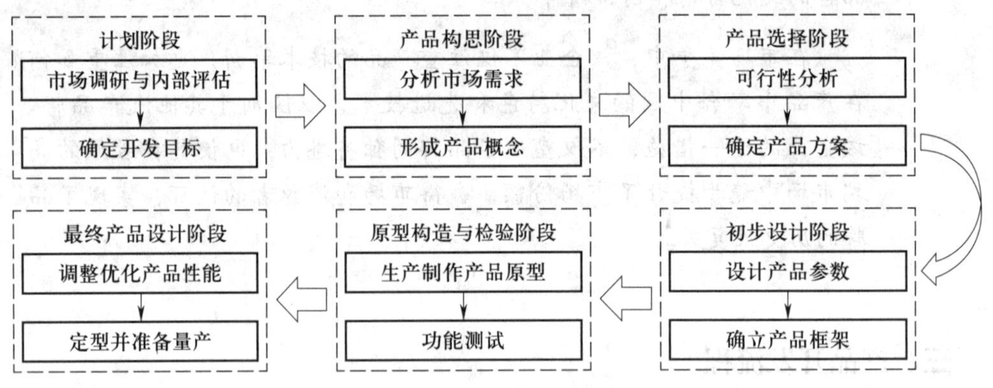

图 6–2–2 产品开发流程示意图

四、产品开发方法

1. 串行产品开发方法

串行产品开发方法是一种传统的产品开发流程，其特点是每个开发阶段依次进行，前一阶段完成后才开始下一阶段。这种线性进程简单、易理解，但缺点是缺乏灵活性，容易导致开发过程漫长且对前期错误的修正成本高。

2. 并行产品开发方法

并行产品开发方法采用了一种更高效的策略，即将产品开发的不同阶段同时进行，以此缩短总开发时间。这种方法鼓励跨功能团队的合作，通过提前介入和迭代反馈，增加了开发过程的灵活性，能够快速响应市场变化和技术进步。并行产品开发方法通过减少传统串行产品开发模式中的等待时间，提高了产品开发的速度和效率。

串行与并行产品开发流程图比较如图 6–2–3 所示。

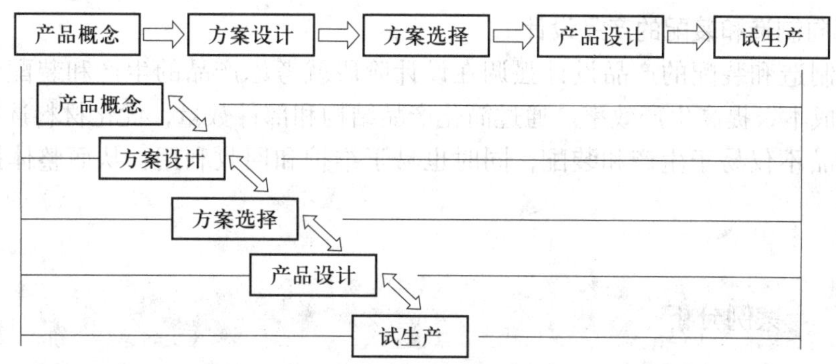

图 6-2-3　串行与并行产品开发流程图比较

3. 质量功能展开

质量功能展开是一种以顾客需求为核心的产品设计方法。它通过将顾客的需求转化为设计规格，以确保产品或服务符合顾客的期待和偏好。通过这一方法，企业能够更直观地了解市场需求，优先考虑顾客的关键需求，在产品开发过程中持续地进行质量控制和改进。

五、产品设计

1. 面向顾客的产品设计

面向顾客的产品设计强调以顾客需求为导向，通过深入研究目标市场和顾客群体的需求及偏好来指导产品设计。目的是创造出能够满足顾客期望的产品，提高顾客满意度和市场接受度。这种设计方法要求广泛收集顾客的反馈信息，并将这些信息转化为设计的具体要求。

案例分析

“摄影师的创作伴侣”——某企业的革新三脚架设计

某品牌是一家专注于摄影配件的中国企业，以其高品质的三脚架、云台等产品闻名。面向顾客的产品设计体现在该企业如何深度理解和满足专业摄影师和摄影爱好者的需求。例如，该企业推出了一系列轻便、稳定且易于操作的三脚架，特别是旅行三脚架，其设计考虑了易携带和快速安装的需求，旨在为外拍、旅行摄影提供便利。同时该企业不断革新三脚架产品设计，在紧凑性、稳固性和易用性方面做出了优化。

该企业满足了目标用户群对摄影装备的高标准要求，展示了其紧贴消费者需求的产品设计理念，因此其产品设计取得了成功。

2. 面向制造和装配的产品设计

面向制造和装配的产品设计强调在设计阶段就考虑产品的生产和装配效率，以降低生产成本，提高生产效率。通过简化产品结构和部件数量，优化材料选择和加工工艺，产品不仅易于生产和装配，同时也易于维护和回收利用，从而整体提高经济效益。

案例分析

“通信无界限”——某专业对讲机生产制造商

某企业是一家专业从事无线电通信设备的研发、生产和销售的高新技术企业。该企业的产品设计注重模块化和标准化，使得产品在生产过程中能够快速组装，减少生产误差，以适应高效的生产与装配流程，提高了生产效率和产品的可靠性。同时，模块化设计还便于产品的维修与升级，延长了产品的使用寿命，减少了维护成本。

该企业通过这种面向制造和装配的产品设计策略，有效降低了生产成本，提升了产品竞争力。

3. 面向环境的产品设计

面向环境的产品设计注重在产品设计阶段就考虑产品整个生命周期对环境的影响。这包括使用可回收或可生物降解的材料，设计易于拆解的结构，减少能源消耗和废物产生。目的是创建环境友好的产品，减少对自然资源的依赖，降低环境污染，推动可持续发展的生产和消费模式。

案例分析

“新生电力循环”——某智能电池回收站企业

某企业是一家专注于电池循环利用和智能管理的企业，其核心业务包括废旧电池的回收和二次利用。该企业通过设计专用的智能电池回收站，使得消费者和商家可以方便地回收不再使用的电池。这些智能回收站不仅具备自动分类和初步检测废旧电池的能力，还能通过云平台对数据进行分析，为后续的电池资源再生提供科学依据。

这种创新的产品设计，既解决了电池回收的环境问题，又为电池资源的循环再利用提供了有效途径，体现了对环境保护和资源可持续利用的关注。

知识巩固

1. 产品开发的驱动方式有哪几种?
2. 请简述新产品开发的流程。
3. 选择一款你熟悉的产品，尝试分析其产品设计思路。

第三节　生产计划与组织

学习目标

- 1. 掌握不同种类生产计划的概念。
- 2. 了解设施规划与选址、工厂设施布局两项生产组织的主要内容和影响因素。
- 3. 了解 ECRS 原则，掌握 5 个为什么方法和方法研究的呈现方式。
- 4. 掌握精益思想，了解生产工作测量和准时化生产。

一、生产计划

1. 综合计划

综合计划是指企业为了满足未来一段时间内的顾客需求，对生产、库存、员工数量、采购等资源进行的总体规划。它旨在平衡需求和生产能力，通过调节生产水平、员工数量、库存水平和其他可操作变量，以最小化生产成本。综合计划通常涉及中期时间范围，如 6 个月到 12 个月。

2. 主生产计划

主生产计划是基于综合计划而制订的，它详细指出特定时期内特定产品的生产数量和生产时间。它是生产计划的核心，确保生产活动与企业的整体策略和市场需求保持一致。另外，主生产计划也是连接顾客需求和生产活动的桥梁，决定了企业资源的具体分配。

3. 物料需求计划

物料需求计划是一种依据主生产计划，对原材料、零部件、组装件等物料需求进行安排，制订计划的方法。它通过准确预测每一步生产所需的物料类型和数量，帮助企业优化库存水平，减少库存成本，确保生产流程顺畅。物料需求计划系统可以有效提高物料的使用效率，缩短生产周期。

4. 物料清单管理

物料清单是详细列出完成一个产品生产所需的所有原材料、零部件、组装件及其数量的清单。物料清单是主生产计划和物料需求计划的基础，对于保证生产活动的顺利进行和提高生产效率具有重要意义。良好的物料清单管理能够帮助企业准确追踪物料消耗，从而控制生产成本。

5. 生产作业计划

生产作业计划涉及对具体生产活动的安排和管理，是协调企业日常生产活动的中心环节，它根据主生产计划规定的产品品种、数量及交货期的要求，对每个生产单位（车间、工段、班组等）在每个具体时期（月、班、小时等）内的生产任务做出详细的规定，使主生产计划得到落实。其工作内容主要包括以下两点。

（1）生产作业排程活动，指在特定时间内，对生产设备、人力和物料进行详细的作业安排。目的是高效利用资源，降低生产成本，缩短生产周期。

（2）生产作业排序，是生产作业排程的一部分，涉及决定不同作业的优先顺序。正确的排序可以优化生产线的运行效率，减少等待时间，提高生产灵活性。

拓展阅读

几种简单的排序规则

先到先得：按订单到达的先后顺序进行加工。

后到先得：最新到达的订单先进行加工，因为后送来的任务单通常放在先来的上面。

最早交货期：要求交货期最短的任务优先安排。

最短剩余时间：剩余时间是交货期前所剩时间减去剩余加工时间所得的时间的差值，此种规则下剩余时间最短的任务最先进行。

最短作业时间：作业时间最短的任务最先安排。

关键比率法：关键比率是用交货日期减去当前的日期的差值除以剩余的工作日数，此种规则下关键比率最小的任务先执行。

随机规则：经理或车间主任随意选择一件他们喜欢的进行处理。

6. 企业资源计划

企业资源计划是一种集成管理系统，能覆盖企业的所有核心业务流程，如采购、生产、销售、财务等。企业资源计划系统通过实时数据的集成和流程的自动化帮助企业优化资源分配，改进业务流程，提升运营效率和决策质量。

二、生产组织

1. 设施规划与选址

（1）选址原则。选址原则是企业在决定新厂址或仓库位置时应遵循的指导方针。这些原则包括考虑运输成本、市场接近度、劳动力供应、原材料获取和经济激励等因素。

（2）影响因素。设施规划与选址的影响因素非常多样，不仅包括上述原则中提到的因素，还有土地成本、基础设施设备、环境和社会稳定性等诸多方面。企业需要综合考虑这些因素，进行全面分析，以确定最佳的设施规划与选址地点。

2. 工厂设施布局

（1）布局目标。工厂设施布局的目标是优化生产流程，提高生产效率和产品质量，同时降低生产成本。良好的布局能够促进物料流程和信息流程的顺畅，减少生产过程中的停滞时间，提高空间利用率，保证员工安全。

（2）布局原则。布局原则包括灵活性原则、安全性原则、效率原则和经济性原则。灵活性原则强调布局应便于未来的扩展和调整；安全性原则要求考虑员工的工作环境和安全；效率原则主张优化物料流程，减少不必要的移动；经济性原则着眼于布局设计的成本效益。

拓展阅读

生产设施布局的主要模式

不同的布局方式有其适用的场景和优缺点，选择合适的布局方式需要根据生产的特性、产品类型、生产数量等因素综合考虑。下面介绍4种典型的生产设施布局模式。

1. 工艺专业化布局

这种布局方式将相同或者相似功能的设备集中放置在一起。例如，所有的切割机器放在一处，焊接设备放在另一处。优点是灵活，能够应对多样化的产品生产需求。但也有缺点，例如，产品在生产过程中可能需要长距离移动，导致运输时间和成本的增加。

2. 生产对象专业化布局

这种布局方式是按照产品生产流程的顺序来排列设备和工人。在这种布局中，生产线被设计成直线形或者U形等形式，以便产品能够顺序通过每个工作站。这种布局特别适合大规模生产单一或者少数几种产品的场景。优点是生产效率高，产品流动速度快。缺点是缺乏灵活性，对于产品变更不是很友好。

3. 成组技术布局

成组技术布局是一种介于工艺专业化布局和生产对象专业化布局之间的布局方式。它基于产品或零件的相似性，将设备分组为一个个小的工作单元（或称为“细胞”）。每个“细胞”负责完成一个产品或者产品族的全部或部分加工任务。这种布置方式既保留了生产线的高效率，又增加了生产的灵活性。特别适合中小批量、多品种的生产环境。

4. 定位布局

这种布局模式是把设备和工人带到产品所在位置进行作业，通常用于大型、重型产品的生产，如飞机、船只或建筑工程。在这种布置方式中，因为产品太大或太重，不可能移动或移动不经济，所以人和设备需要围绕产品进行工作。这种布局的特点是生产周期长，需要高度的规划和协调。

三、生产方法研究

1. ECRS原则

ECRS代表消除（eliminate）、合并（combine）、重新安排（rearrange）、简化（simplify）的原则，是一种常用于生产过程优化的方法。通过应用ECRS原则，企业能针对生产和工作流程中存在的低效环节，采取有效措施，以提升生产效率和降低成本。

（1）消除是指识别和移除流程中不增加任何价值的步骤。这些步骤可能是多余的，或者是由于过时的操作方法和技术而存在的。消除这些步骤有助于减少成本、时间和资源浪费。

例如，在制造流程中，如果发现某个检测步骤实际上并未有效降低不良品率，则应考虑消除这个步骤。

（2）合并是指将流程中相关或相似的活动合并为单一步骤，以减少重复工作、简化操作流程，这有助于提高效率，并可能降低成本。

例如，如果一个生产线中的产品装箱和标签打印是分开进行的，则可以考虑将这两个步骤合并，在同一个工作站同时完成装箱和打印标签。

（3）重新安排是指优化流程的布局或顺序，使其更为合理化。这可能涉及重新组织工作空间的布局，或是改变任务的执行顺序，以便更流畅地完成工作，减少等待时间和不必要的移动。

例如，可以通过重新安排装配线的布局，使工人在完成一个步骤后可以直接转向下一个步骤，而不需要走过长的距离，从而减少流程中工人走动的时间。

（4）简化是指对流程中的任务和操作进行简化，这通常意味着提炼流程，使之尽可能直接和易于执行。简化流程可以减少错误发生的机会，降低维护成本，并提高工作效率。

例如，在一项操作中，如果使用到的工具种类繁多，应考虑重新设计工具或工作步骤，以减少所需工具的数量，从而简化操作过程和减少更换工具的时间。

2. 5个为什么方法

5个为什么方法是一种简单有效的问题解决方法，这种方法通过反复问“为什么”来探索问题的根本原因。该方法认为，连续询问5次“为什么”，可以帮助人们深入挖掘问题背后的原因，从而找到问题的根源。通过找到这个根本原因，可以系统地消除问题。5个为什么方法强调从根本上解决问题，而不仅仅是表面的症状处理，该方法是推动持续改进和精益管理的重要工具。

案例分析

某制造企业的5个为什么方法应用

假设一家制造企业遇到了生产线上重复出现的产品质量问题，特别是一个小部件经常出现断裂导致产品不能正常工作。那么实施5个为什么方法的步骤和分析过程如下。

第一问：为什么该产品的部件会断裂？

回答：因为部件在装配过程中承受了过多的力。

第二问：为什么部件在装配过程中会承受过多的力？

回答：装配人员使用的手动扭力扳手设置不正确。

第三问：为什么手动扭力扳手设置不正确？

回答：设置手动扭力扳手的程序未有明确指示，导致装配人员根据个人经验进行设置。

第四问：为什么设置手动扭力扳手的程序未有明确指示？

回答：因为该生产线刚刚更新了该部件的设计，但是相关工作指导书没有及时更新。

第五问：为什么工作指导书没有及时更新？

回答：企业的设计变更流程中缺乏确保所有相关工作指导书及时更新的环节。

所以导致产品断裂的根本原因是企业的设计变更流程不健全，不能确保工作指导书与设计变更同步更新。由此该企业可以采取以下3项措施。第一，修订设计变更流程，每一个检查点都要确认所有生产流程及其相关工作指导书是否已更新。第二，对装配人员进行再培训，教育他们如何根据最新的工作指导书设置和使用手动扭力扳手。第三，引入自动扭力扳手来减少人为设置错误。

综上所述，通过5个为什么分析，不仅找到了问题的表面原因（如工具设置错误），更重要的是揭示了系统性的问题（如设计变更流程不健全）。然后通过制定和实施有针对性的改善措施来防止问题的再次发生。

3. 方法研究的主要内容

（1）流程分析。关注生产或工作流程的整体优化，通过识别和消除不必要的步骤或环节，使流程更加简洁、高效。

（2）操作分析。重点研究操作过程中的各类因素，包括设备使用、人员操作等，以找到改进的机会。

（3）动作分析。专注于员工在特定任务中的具体动作，寻求减少不必要动作、改善作业方法的方式。

拓展阅读

动作要素与动作经济原则

动作要素是指完成生产任务所需的最基本的人体动作单元。工业工程师会对这些动作要素进行研究，以优化作业流程，提高工作效率，减少疲劳与可能的工伤风险。

动作经济原则是指在工作场所设计作业和工作流程时，旨在减少不必要的动作，减轻疲劳，提高安全与效率而制定的一系列指导原则。这些原则包括以下4项。

（1）减少动作次数。目标是精简工作步骤，仅保留那些必要的操作。例如，在装配线上，通过优化流程设计，使工人能够在不改变位置的情况下完成更多任务，从而省去了额外移动或寻找工具的时间。

（2）双手同时作业。这一原则强调双手协作，提高使用效率。例如，在组装任务中，一手负责固定零件，另一手同时进行螺钉的拧紧，这样能显著提升工作速度和协调性。

（3）缩短动作距离。将工具和材料安排在工人的最佳活动范围内，以减少伸展或步行的需要。在实际操作中，可以通过对工作台的合理布局，设定适合工作的最佳高度，减少弯腰和伸手的负担，确保所有必需品均处于易于取用的位置。例如，厨房中将常用调料和工具放在厨师易于拿取的地方，以提高效率。

（4）轻快作业。鼓励使用更轻便的工具和简化的操作来减轻体力负担，同时加快作业速度。这可以通过引入更先进的工具或设备来实现。例如，使用电动螺钉旋具代替传统手动螺钉旋具，以减少手部疲劳并加快操作速度。

4. 方法研究的呈现方式

（1）因果图，又称为鱼骨图，用于识别问题的各种可能原因，并对这些原因进行归类。运用于生产方法研究时，通常主干分为原料因素、流程因素、环境因素、人员因素、设备因素和管理因素（见图6-3-1）。

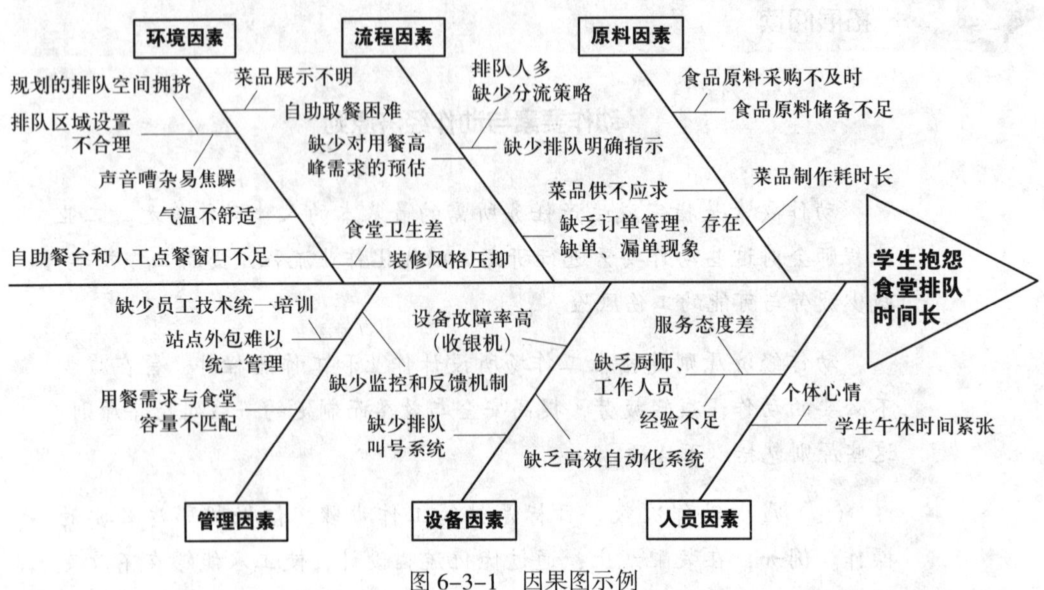

图 6–3–1　因果图示例

（2）甘特图，能表现项目计划、工作进度和实际完成情况，用于项目管理和调度（见图 6–3–2）。

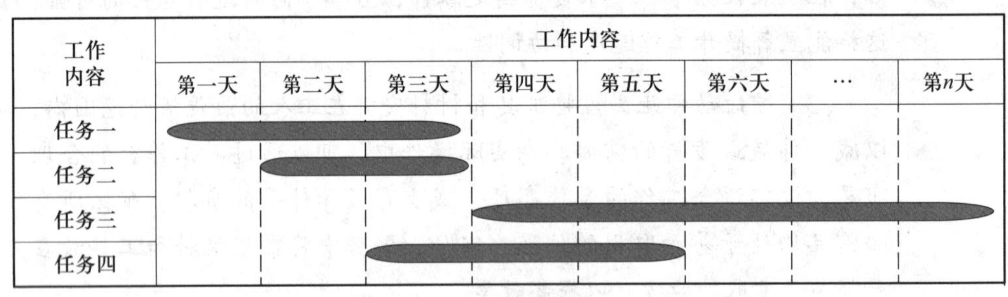

图 6–3–2　甘特图

（3）工艺流程图，展示产品制造过程中的工艺步骤和流程（见图 6–3–3）。

（4）流程程序图，详细描述操作或流程中步骤的先后顺序（见图 6–3–4）。

四、生产工作测量

1. 标准生产时间的概念

标准生产时间是指在规定的条件下，完成特定任务或产品需要的时间标准。它的目的是确立工作效率的基准，用于生产计划、成本估算和员工绩效评价。

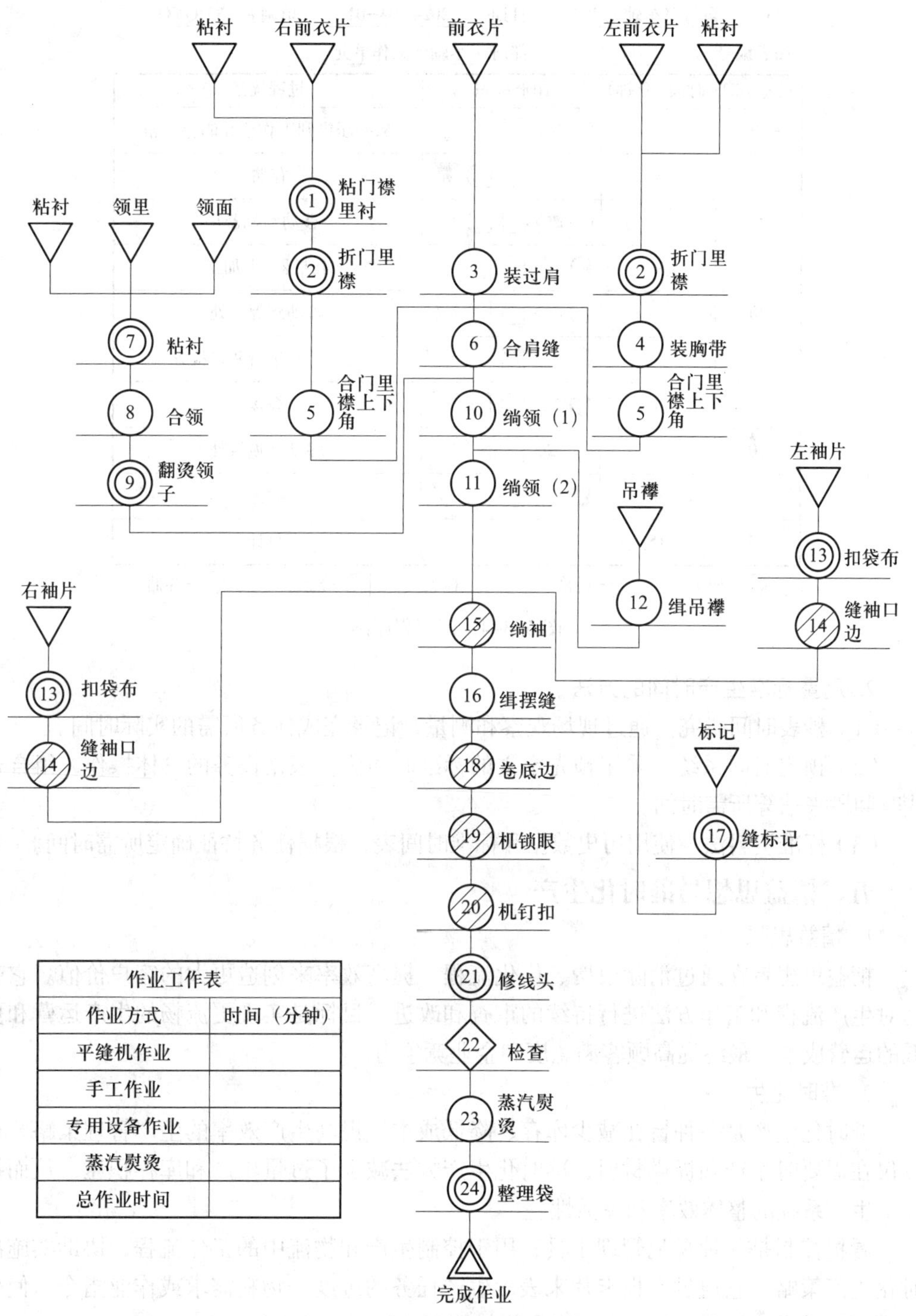

作业工作表	
作业方式	时间（分钟）
平缝机作业	
手工作业	
专用设备作业	
蒸汽熨烫	
总作业时间	

图 6-3-3　工艺流程图

材目 自行车车轴架生产　日期 2024-04-01　填制者 XDQYGL

图表编号 1　部门 车轴架工作单元

距离（米）	时间（分钟）	图形标识	过程描述
50		○ ➡ □ D ▽	从冲压机到工作单元的存储箱
	3	○ ⇨ □ D ▼	存储
5		○ ➡ □ D ▽	移动到机器1
	4	● ⇨ □ D ▽	在机器1上加工
20		○ ➡ □ D ▽	移动到焊接处
		○ ⇨ ■ D ▽	在焊接时进行防错检查
	4	● ⇨ □ D ▽	焊接
10		○ ➡ □ D ▽	移动到喷漆处
	4	● ⇨ □ D ▽	喷漆
85	15		总计

●-加工　⇨-运输　□-检验　D-延迟　▽-存储

图 6-3-4　流程程序图

2. 测量标准生产时间的方法

（1）秒表时间研究。通过现场观察和测量，记录完成任务所需的实际时间。

（2）预定时间系统。采用预先定义的标准时间段，根据任务的具体操作，组合这些时间段来估算所需时间。

（3）标准资料法。使用历史数据和标准时间表，根据任务特征确定所需时间。

五、精益思想与准时化生产

1. 精益思想

精益思想旨在通过消除浪费、优化流程、提高效率来创造更大的客户价值。它鼓励对生产流程和工作方法进行持续的审查和改进，目标是实现更流畅的生产运营和更低的运营成本，最终提高顾客满意度和企业竞争力。

2. 准时化生产

准时化生产是一种旨在减少库存、降低成本、提高生产效率的生产管理策略。通过仅在需要时生产和提供材料，准时化生产方法减少了过量生产和库存积压，从而提高了生产系统的整体效率和灵活性。

看板控制是一种视觉管理工具，用于控制生产和物流中的工作流程，协助实施准时化生产策略。它通过看板卡片来表示生产任务的进度、物料需求或作业指令，使生产过程更透明，从而改善生产调度和物料管理（见图 6-3-5）。

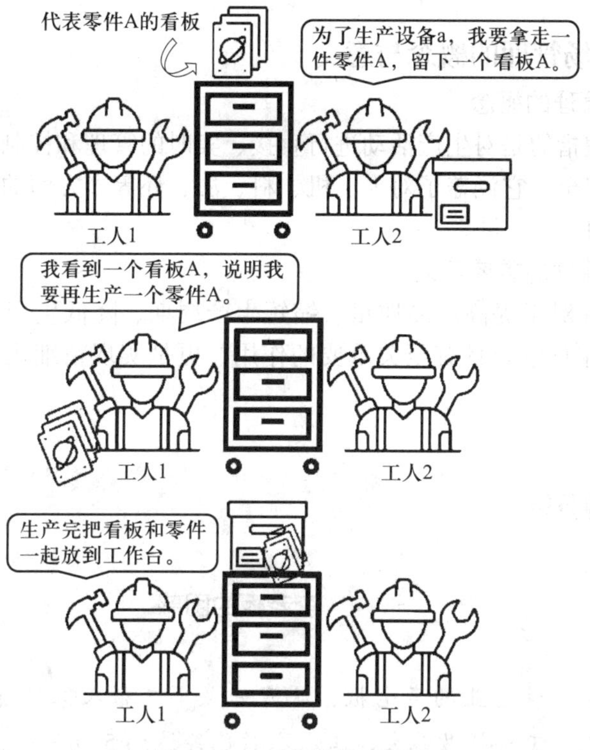

图 6-3-5　看板操作示意图

知识巩固

1. 请简述综合计划和主生产计划的概念和二者的区别。

2. 企业选址地区确定之后，分析不同的厂址地点需要哪些数据资料。

3. 方法研究有哪些呈现方式？

第四节　生产现场管理

学习目标

- 1. 了解生产现场管理的概念、意义、基本内容与要求。
- 2. 掌握生产现场管理的基本方法。
- 3. 了解车间管理系统的主要内容。

一、生产现场管理的概念与意义

1. 生产现场管理的概念

生产现场管理指的是对生产活动进行直接、实时的管理和控制，以确保生产流程的顺畅、高效和安全。它涵盖了对人、机、料、法、环等多方面的管理，旨在最大化地提高生产效率和产品质量。

2. 生产现场管理的重要意义

生产现场管理对于提高产品质量、缩短生产周期、降低生产成本、提升员工满意度以及强化企业竞争力具有至关重要的作用，更是实现精细化、高效化生产的关键。

案例分析

李老板的困惑

某民营企业的李老板，从开始做小工帮人家送货，到后来做服装加工，工厂越做越大，工人人数已经达到500多人。李老板本应该开心，但却开始犯愁了，工厂除去开支，除去银行还贷，每年在银行的存款所剩无几，并且自己每天都是忙忙碌碌的，工厂却没有什么进展。

经过与几位车间负责人了解情况，他发现工厂目前存在许多问题：

1. 各车间的成品、不良品及原料到处乱放，无标识，无区分，有时候出货时少数量，找不到。

2. 员工的工具随地乱放，经常丢失，丢了之后又申请购买。员工常常争吵，怀疑有人偷窃。

3. 机器不保养，经常损坏，一修就是半天，还缺少零部件。

4. 车间现场私人物品到处乱放，衣服、雨伞、梳子等有的放在机器内，有的放在窗户上。

5. 在车间，有的员工打电话，有的听收音机，有的甚至还戴着耳机工作。

6. 产品质量总是出问题，出货总是延期，客户抱怨越来越多，成本增加，产品价格又上不去。

根据李老板的发现可以梳理总结得到工厂目前存在的问题及原因包括以下6项：

1. 成品、不良品及原料管理混乱。缺少有效的现场5S管理（整理、整顿、清扫、清洁、素养）导致物料无法及时找到，影响出货效率和客户满意度。说明了准确性管理的必要性。

2. 工具管理不善，产生人际冲突。没有实施良好的5S管理和工具管理制度，导致资源浪费和人际关系紧张。凸显了整顿和清洁管理对于提升工作效率和构建和谐工作环境的重要性。

3. 机器故障和维护不当。反映出设备管理不善，缺乏定期保养和维护计划，导致生产效率低下和成本增加。强调了设备维护和生产设备管理在确保生产顺畅中的作用。

4. 私人物品乱放，影响生产环境和安全。说明没有很好地贯彻5S中的清洁和素养管理，未能创造一个有序和安全的工作环境。

5. 工作中存在不安全、不专业行为，如打电话、听收音机等。说明生产现场缺乏严格的行为规范和有效的现场目视管理，未能营造专注的工作氛围。

6. 产品质量问题和出货延期是上述问题的直接后果，影响企业信誉和经济效益。凸显了生产过程中的监控与质量控制、生产计划执行和调度的重要性。

二、生产现场管理的基本内容与要求

1. 生产现场管理的基本内容

（1）生产计划的执行和调度。合理安排工作任务，确保生产按计划进行。

（2）生产资源的优化配置。合理分配人员、机器和原材料，提高资源使用效率。

（3）生产过程的监控与质量控制。跟踪生产进度，确保产品质量达标。

（4）安全生产和环境保护。采取措施保障生产安全，减少生产对环境的影响。

（5）工作现场的整理、整顿。保持生产现场的清洁和有序，创造良好的工作环境。

2. 生产现场管理的基本要求

（1）准确性。确保生产执行与计划严格对应。

（2）效率性。提高生产流程的效率，减少停工和空闲时间。

（3）安全性。确保生产过程安全，避免事故的发生。

（4）清洁性。保持生产环境的清洁与整洁，创造良好的工作氛围。

三、生产现场管理的基本方法

1. 现场指导

“工作中的指导”“师徒制”“导师制”等都是现场指导的有效机制。其核心在于清楚地理解现场指导的职责，新进的员工都由一个师傅级的员工带领，直到他熟练掌握本岗位的全部操作要领为止。

2. 现场 5S 管理

现场 5S 管理是生产现场管理的主要方法，也是生产制造企业大量采用的现场管理方法。

（1）整理。把要与不要的人、事、物分开，再将不需的人、事、物加以处理。

（2）整顿。物品摆放要有固定的地点和区域，摆放要科学、合理。例如，经常使用的东西放得近些（如放在作业区内），偶尔使用或不常用的东西则应放得远些（如集中放在车间某处）；物品摆放目视化，不同物品摆放区域采用不同的色彩和标记。

（3）清扫。打扫干净工作场所。

（4）清洁。车间环境不仅要整齐，而且要做到清洁、卫生，消除混浊的空气、粉尘、噪声和污染源；员工本身也要做到清洁，如工作服清洁、仪表整洁。

（5）素养。养成良好的工作习惯，遵守纪律。努力提高人员素质，养成严格遵守规章制度的习惯和作风，这是现场 5S 管理的核心。

3. 现场改善

现场改善最基本的做法是通过有效的流程分析，找出生产现场的损失与浪费点，通过技术分析和测算将其衡量出来，之后制定并实施改善方案，持续追求现场价值的最优化和最大化。

4. 现场问题解决 8D 法

8D 法是一种结构化的问题解决过程，强调团队合作、透明沟通和系统思考，通常用于处理和解决生产和产品质量的问题。8D 法包括以下 8 个步骤。

（1）组建团队。组建一个具有必要知识和技能的跨职能团队来解决问题。

（2）描述问题。清楚、准确地描述问题的现状，包括发生的时间、地点、影响范围等。

（3）实施临时对策。在找到根本原因之前，采取临时措施暂时控制或减轻问题。

（4）确定并验证根本原因。通过数据分析和实验等手段找出问题的根本原因。

（5）制定并实施长期纠正措施。制定针对根本原因的纠正措施，并在小范围内进行试验，以验证其有效性。

（6）防范再发生。采取预防措施，修改相关流程、标准或系统，确保问题不会再次发生。

（7）确认问题已解决。通过数据和观察验证问题已经彻底解决，且措施执行有效。

（8）感谢团队成员。认可团队的努力和成功，通过庆祝和奖励团队来巩固团队成员的士气和动力。

5. 现场目视管理

现场目视管理追求的是“透明化”，即工厂的管理状态一目了然，随时看得见，有问题可以立即发现，有效果也可以立即展现。例如，在车间入口的走道边是生产绩效的展示橱窗，采用透明玻璃管与不同颜色的填料表示绩效水平；在生产线的某些位置悬挂电子屏，随时反映生产效率与异常状况；在经理办公室设置显示终端，方便对生产现场实时监控；车间柱子上悬挂漂亮醒目的企业产品广告，这些“外衣”会定期更换，随时提醒员工要关注客户需求的变化。

四、车间管理系统

车间管理系统是建立在信息化基础上的管理机制，能够减轻管理人员和业务人员的数据处理负担，极大地提高生产车间的工作效率，提供对车间生产更有效的管理手段。

1. 工序设计与工艺管理

车间管理系统的产品生产工序设计可以满足不同企业的需求，企业可根据实际生产状况设计不同方案，并通过产品生产工序设计模块严格控制设计流程。

在工艺管理方面，系统能采取先独立后结合的灵活方式进行设计维护，采用合理的手段、较低的成本完成计划规定的生产目标，对于有特定工艺要求的部分，可以进行修改完善。

2. 生产线设定

（1）生产线。生产线是下达生产计划、平衡生产能力的基本单位。生产线的产能需要进行设计和管理，生产计划通过平衡生产线的产能来制订。

（2）生产日历。生产日历是企业用于编制计划的特殊日历，在此日历上编制计划、安排生产和进行能力核算才是准确的。系统将生产日历直接定义在生产线上，即不同的生产有不同的生产日历。

（3）设备档案管理。设备档案管理主要定义和维护设备的基础信息。通过加强对设备档案的管理，可以将有限的设备充分地利用起来。

（4）工位定义。工位是最基本的生产单元，通过工位定义可以确定生产线每一工位的设备、人员，并计算出生产线的能力。

3. 订单管理

订单是企业安排生产的主要依据，也是企业生产活动的最终目的。

（1）生产订单流程管理，包括生产订单录入、生产订单维护、生产订单审核、生产订单结清、客供材料登记。

（2）预估用料。通过样品制作或相关产品参考，确定基本用料情况，包括预估用料登记、预估用料维护、预估用料确认。

（3）预估定额。通过样品制作或相关产品参考，确定基本工艺及定额情况，包括预估定额登记、预估定额维护、预估定额确认。

（4）核价单管理，包括核价单生成、核价单维护、核价单确认等内容。

4. 生产设备管理

（1）设备技术资料管理。全面搜集设备、辅助装置、备件、图样等技术资料档案，进行分类、排序、存储，做到设备编号和技术标牌齐全，设备资产账、物、卡相符。

（2）设备日常修理管理。对设备的保养状况、小修和大修、技术改造、设备故障、设备运转时间等信息进行详细记录。

（3）设备故障管理。主要记录设备故障发生的日期、故障维修方式、故障类型，并掌握设备运转、磨损情况，以便于专业人员根据设备情况进行更换和维修。

（4）配件管理。通过对主要配件的管理，掌握生产设备的配件需求量，从而完善配件的管理制度。

（5）固定资产管理。生产设备管理属于生产经营固定资产管理的重要部分，是对生产经营固定资产的计划、购置、验收、登记、领用、使用、维修、报废等全过程的管理。因为生产设备是企业生产中的主体、生命线，随着科学技术的不断发展、智能制造的产业升级，生产设备日益智能化、自动化，在现代工业生产中的作用和影响也随之增大，在整个工业生产过程中对生产设备的依赖程度也越来越高。把生产设备管理从最初的手工台账管理的烦琐工作中解脱出来，用信息系统对各项记录及数据进行有效分析，可以大大提高管理效率。

知识巩固

1. 生产现场管理的基本要求是什么？基本内容包括哪些？

2. 请简述现场5S管理的主要内容。

3. 车间管理系统存在的意义是什么？它可以进行哪些管理？

第七章 质量管理

在这个飞速发展的时代，质量已成为衡量产品和服务竞争力的核心要素。企业之间的竞争，归根结底是质量的竞争。本章我们将深入探讨质量管理的精髓，从质量与质量管理的基本概念出发，走过质量管理的发展历程，了解全面质量管理的特点和基本方法。随后我们将重点介绍质量管理体系与质量管理方法，它们不仅是建立有效质量管理体系的基石，也是推动企业持续改进的动力源泉。通过本章的学习，我们将获得全面的质量管理知识，理解其在现代管理中的重要性，并掌握如何在实际工作中应用这些理念和工具，以提升产品和服务的质量，增强企业的竞争力。

第一节　质量管理概述

学习目标

- 1. 掌握质量的概念与质量管理的概念。
- 2. 了解质量管理的发展历程及各阶段主要特点。
- 3. 了解全面质量管理的特点与基本方法。

一、质量与质量管理

1. 质量的概念

质量是一个广义的概念，可以理解为产品或服务的特征或属性。它不仅涵盖了产品的性能、可靠性、耐用性和安全性等实体特性，也包括服务的及时性、准确性、可访问性和顾客体验等非实体特性。简而言之，质量反映了产品或服务在满足用户需求和提供价值方面的综合能力。

2. 质量管理的概念

与质量有关的活动都可称为质量管理。质量管理通常包括制定质量方针和质量目标，以及为实现质量目标所开展的质量策划、质量控制、质量保证和质量改进等一系列活动。通过系统的方法，质量管理不仅关注产品和服务的最终质量，还关注优化生产过程和服务提供过程，以减少浪费、降低成本并提高效率。质量管理的核心目的是提高顾客满意度，通过持续改进和产品优化来增强企业的竞争力。这包括识别和满足顾客需求，遵守相关的质量标准和法规要求，以及持续追求过程和系统的优化。

二、质量管理的发展历程

1. 质量检验阶段

质量管理的第一阶段为质量检验阶段。这一阶段主要从 20 世纪初期，工业革命后开始，此时产品开始大量生产，质量管理主要通过产品完成后严格的检验来控制和保证转入下道工序和出厂的产品质量。这是一种事后检验的方法，侧重于产品而非过程。

2. 统计质量控制阶段

质量管理的第二阶段为统计质量控制阶段。这一阶段主要从 20 世纪 20 至 40 年代开始，此时统计学已开始发展，质量管理利用数理统计原理对生产过程进行质量控制，通过抽样检查和过程绘图等方式预防产生不合格品，这标志着“事后检验”的观念正在逐步转变为“预测质量事故的发生并事先加以预防”的观念。

3. 全面质量管理阶段

质量管理的第三阶段为全面质量管理阶段。这一阶段主要从 20 世纪 50 年代后期开始，起源于日本，后被全世界采纳。其基本特点是从过去的事后检验和把关为主转变为预防和改进为主，从管结果变为管因素，把影响质量的各个因素查出来，抓住主要矛盾，发动全员参加质量控制，依靠科学管理的理论、程序和方法使生产的全过程处于受控状态。

三、全面质量管理

全面质量管理有两个核心：一是永无止境地推进质量改进；二是追求用户满意的目标，不断满足甚至超出用户的期望。

1. 全面质量管理的特点

全面质量管理是要求全员参加的质量管理，是全过程的质量管理，更是全企业的质量管理。因此，全面质量管理的核心体现在“全”字上。全面质量管理的特点如图 7–1–1 所示。

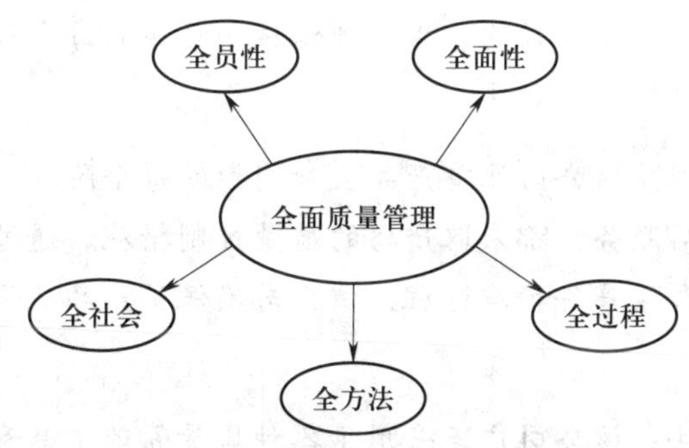

图 7–1–1　全面质量管理的特点

（1）全员性。全面质量管理强调企业全员参与的重要性。这意味着每一位员工，无论其职位高低，都是质量管理的重要组成部分。这种全员参与确保了对质量目标的共识和广泛支持。

（2）全面性。全面质量管理强调的是广义的质量，既包含了产品质量本身，也包含了质量成本、交付期、服务等多个环节和因素。

（3）全过程。全面质量管理认为，好的管理过程必然带来好的管理结果。也就是说，好的产品质量是研究、设计、生产、销售、售后服务全过程质量管理的结果。

（4）全方法。全面质量管理强调广泛、灵活地运用各种科学管理和质量管理方法，通过数据搜集、数据分析、决策模型等技术，结合 PDCA（计划、执行、检查、行动）循环的工作程序，实现复杂环境下的质量管理。

（5）全社会。全面质量管理强调整个社会的参与、全社会质量意识的提升，以及全社会的效益共享。

案例分析

某技术公司的全面质量管理

作为全球领先的信息与通信技术解决方案提供商，该技术公司是全面质量管理在中国的一个杰出案例。其通过实施全面质量管理，确保了产品和服务的高标准和高质量，支持其在全球市场的竞争力。

全员性：该公司实施全员质量管理，鼓励每一位员工参与质量改进活动。该公司不仅对前线员工进行质量意识的培训，还确保高层管理者亲自参与质量管理活动，体现了自上而下的质量管理承诺。

全面性：该公司的全面质量管理不仅聚焦于产品质量，还涵盖服务、交期和成本等多个维度。该公司建立了一套全面的质量管理体系，覆盖从产品研发、采购、生产到销售和服务的每个环节，确保了全过程的质量控制。

全过程：该公司注重产品生命周期的每个阶段，从设计、制造到销售和售后服务，都采取严格的质量控制措施。通过实施先进的产品质量规划和生产件批准过程，该公司确保了产品从设计到交付的全过程质量。

全方法：该公司广泛采用了各种质量管理工具和方法，如六西格玛、精益生产和故障模式及影响分析，来识别和解决质量问题。该公司还运用了 PDCA 循环，推动持续改进和优化管理过程。

全社会：该公司通过与供应商和合作伙伴共同遵守质量标准，推广质量管理理念，提升了整个供应链的质量水平。同时，该公司还积极参与国内外质量标准的制定，推动了质量管理理念在全社会的普及和提升。

通过这些全面质量管理实践，该公司成功地提高了产品和服务的质量，增强了顾客满意度，促进了企业的持续健康发展。该公司的案例展示了全面质量管理在提升企业竞争力、推动企业可持续发展方面的重要作用。

2. 全面质量管理的基本方法

因为“全”的特点，全面质量管理所采用的管理方法也多种多样。全面质量管理的全过程，就是质量计划的制订和组织实现的过程，这个过程就是PDCA循环，如图7–1–2所示。

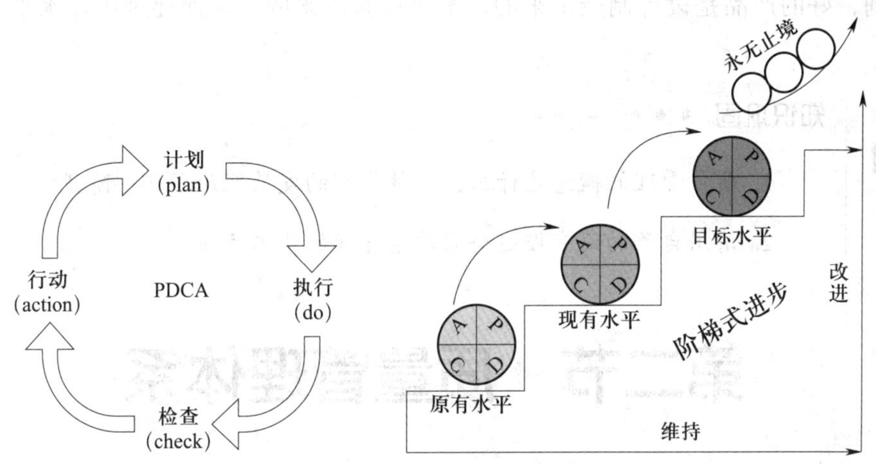

图7–1–2 PDCA循环

PDCA是计划（plan）、执行（do）、检查（check）、行动（action）的英文首字母的缩写，表示按这样的顺序进行质量管理并且不断循环。

（1）计划（P）阶段。

第1步：分析质量现状，找出存在的质量问题。

第2步：分析产生质量问题的各种原因和影响因素。

第3步：找出影响质量的主要原因。

第4步：针对影响质量的主要原因，制订质量改进活动的计划。

（2）执行（D）阶段。

第5步：按照制订的计划和措施认真执行。

（3）检查（C）阶段。

第6步：检查计划的执行情况和实施效果。

（4）行动（A）阶段。

第7步：总结经验教训，修正制度和标准，巩固取得的成绩。

第8步：将本次循环出现的新问题转入下一个PDCA循环中解决。

以上四个过程不是运行一次就结束，而是周而复始地进行，完成一个循环，解决一些问题，未解决的问题进入下一个循环，实现阶梯式上升。PDCA循环可以使全面质量管理的思想方法和工作步骤更加条理化、系统化、图像化和科学化。它具有以下特点：大环套小环，小环保大环，互相促进，推动大循环；PDCA循环是阶梯式上升的循环，每转动一周，质量就提高一步；PDCA循环是综合性循环，4个阶段，顺序进行，组成一个大圈，缺一不可；推动PDCA循环的关键是行动（A）阶段。

通过反复执行 PDCA 循环，企业能够实现过程的持续优化和质量的持续改进，逐步提高企业的运作效率和顾客满意度。PDCA 循环是实施全面质量管理的有效方法，但并不是说运用了 PDCA 循环就能一劳永逸地解决质量问题。在实施全面质量管理的过程中，还需要企业高层管理者高度重视，不断树立质量意识，让全体员工认识到，好的产品是设计制造出来的，不是检验出来的，从而促进质量水平的不断提升。

知识巩固

1. 质量管理的概念是什么，质量管理的发展经历了哪些阶段？

2. 请用自己的语言描述全面质量管理的基本方法。

第二节 质量管理体系

学习目标

- 1. 了解国际标准化组织的相关内容及其重要性。
- 2. 掌握质量管理原则七大标准。

一、国际标准化组织

国际标准化组织（International Organization for Standardization，简称 ISO）是一个独立的、非政府的国际标准制定机构，由来自各个国家的国家标准机构组成。其成立于 1947 年，目的是促进全球范围内的标准化，便于国际贸易和促进技术合作。ISO 在众多领域制定国际标准，包括但不限于技术、科学、健康、安全和环境管理。ISO 标准的制定是一个全球性的、协作的过程，涉及来自 ISO 成员国的专家。ISO 标准的制定过程一般包括提案阶段、工作草案阶段、委员会草案阶段、国际标准草案阶段和发布阶段。这个过程确保了标准的质量和实用性，同时考虑到了全球用户的需求。

从质量管理的角度看，ISO 最著名的可能是 ISO 9000 系列标准。该系列标准旨在帮助企业确保其满足顾客和其他利益相关者的需求，同时遵守相关的法规要求。制定 ISO 9000 系列标准的目的是将质量管理工作标准化和规范化，帮助企业建立健全质量管理体系，提高员工的质量意识和企业的质量保证能力，从而增强企业素质，最大限度地满足顾客和市场的需求。

1. ISO 9000 系列核心标准构成

（1）ISO 9000《质量管理体系 基础和术语》。该标准阐述了质量管理体系的基础知识，并规定了质量管理体系的相关术语。

（2）ISO 9001《质量管理体系 要求》。该标准规定了建立质量管理体系的基本要求，用于证实企业具有提供满足顾客要求和适用法规要求的产品和服务的能力，目的在于增进顾客满意。

（3）ISO 9004《质量管理体系 业绩改进指南》。该标准为实现质量管理体系的有效性和效率提供指南，从而实现企业业绩改进和顾客及其他相关方满意。

（4）ISO 19011《质量和（或）环境管理体系审核指南》。该标准提供了审核质量和（或）环境管理体系的指南，适用于所有运行质量和（或）环境管理体系的企业，指导其内审和外审的管理工作。

ISO 9000 系列标准提供了建立、实施、维持和持续改进质量管理系统的指导原则。它们不针对任何特定的行业，而是适用于任何规模和类型的企业。ISO 9001 是 ISO 9000 系列标准中最著名和最基本的标准，定义了质量管理系统的要求。它基于若干质量管理原则，包括顾客焦点、领导作用、全员参与、过程方法、持续改进、循证决策和关系管理。

拓展阅读

ISO 的各类标准

ISO 制定了许多其他标准，涵盖各个领域和行业的需求。除了广为人知的 ISO 9000 系列标准外，还包括 ISO 14000《环境管理系列标准》、ISO 45001《职业健康安全管理体系》、ISO/IEC 27001《信息安全管理体系》、ISO 22000《食品安全管理体系》、ISO 31000《风险管理标准》、ISO 50001《能源管理体系》等，这些标准代表了 ISO 对不同领域管理和技术实践的广泛关注，旨在促进全球贸易，提高效率，确保安全与健康以及保护环境。

2. ISO 标准的作用

ISO 的重要性在于它为全球范围内的产品、服务和系统提供了统一的标准，这些标准旨在确保质量、安全、效率以及互换性。ISO 标准对于企业、消费者以及最终用户而言都极具价值，具体包括以下几个方面。

（1）促进国际贸易。ISO 标准通过消除贸易壁垒，促进了国际贸易的顺畅进行。

标准化的产品和服务符合广泛接受的国际标准，可以无障碍地进入不同的市场。

（2）提高顾客满意度。通过遵循 ISO 标准，企业可以提供符合或超出顾客期望的产品和服务，增强顾客的信任和满意度，进而提高顾客忠诚度和重复购买率。

（3）提升效率和降低成本。ISO 标准帮助企业优化其运营流程，提高效率，减少浪费。这些改进可以在保持或提高产品和服务的质量的情况下节约成本。

（4）增强市场竞争力。获得 ISO 认证的企业通常会在市场上获得竞争优势。这种认证是对企业遵循国际认可标准的一种证明，有助于增加企业的信誉和品牌价值。

（5）支持可持续发展。许多 ISO 标准，如 ISO 14000《环境管理系列标准》和 ISO 50001《能源管理体系》，鼓励企业以环境友好和能源高效的方式运作，有助于企业实现可持续发展，也促进了全球环境保护。

（6）提高产品和服务的质量。ISO 标准为产品和服务的质量设置了明确的指导原则，帮助企业持续改进，确保提供高质量的产品和服务。

（7）法规遵从。对于某些行业，遵守特定的 ISO 标准（如 ISO 13485《医疗器械质量管理体系用于法规的要求》）是法律或市场准入的要求，有助于企业确保它们满足相关法律和法规的要求。

ISO 标准对于促进全球贸易、提高企业竞争力、保障产品和服务的质量以及支持环境和社会的可持续发展具有重要意义。

二、质量管理原则

质量管理原则是构建有效质量管理体系的基础，它们为企业提供了一个指导框架，帮助其在提供产品和服务的过程中实现持续的改进和顾客满意度的提升。根据 ISO 9000 系列标准，这些原则包括以下几个方面。

1. 顾客焦点

企业应当时刻关注顾客的动向，了解顾客当前和未来的需求以及对现有产品的满意程度，从而根据顾客的要求和期望做出改进，以满足顾客要求并争取超越顾客期望，获得顾客信任，最终稳定地占领市场。

企业应通过各种渠道和方法（如市场调研、顾客反馈、顾客满意度调查等）持续收集和分析顾客需求和期望信息，识别和区分显性需求（顾客明确表达的）和隐性需求（顾客未明说但实际上期待的）。在产品或服务设计阶段，将顾客的需求和期望纳入考虑，确保最终的产品或服务能够满足这些需求。通过创新和持续改进，寻找机会，超越顾客的期望，提供“惊喜”因素，从而增加顾客的满意度和忠诚度。建立有效的顾客沟通和服务体系，确保顾客的任何问题和投诉都能得到及时和满意的解决。同时，发展与顾客的长期关系，理解顾客的业务和长期目标，了解他们对产品或服务的使用情况及新增需求，以提供更加个性化的服务和支持。

案例分析

某家电集团的顾客焦点原则

某家电集团是一家国际家电与电子产品制造商，以其创新的产品和对顾客需求的深刻理解而闻名。该集团采用“以用户为中心”的管理模式，成功地将顾客焦点原则融入其企业文化和运营战略中。

该集团响应顾客需求的一个显著举措是推出定制化的家电产品。通过在线平台，该集团允许顾客根据自己的具体需求和偏好定制家电产品的颜色、功能等。这种做法满足了顾客的个性化需求，增强了顾客的购买体验和满意度。

同时，该集团建立了多个顾客互动平台，如社交媒体、在线论坛和顾客服务热线，以便及时收集和响应顾客反馈。通过这些平台，能够迅速解决顾客问题，收集改进产品和服务的宝贵意见。

通过将顾客焦点原则深入贯彻到企业文化和业务实践中，该集团不仅在国内市场树立了良好的品牌形象，也成功地将其业务扩展到了全球市场。该案例证明了以顾客需求为中心的质量管理原则在提升企业竞争力和实现持续增长方面的重要性和有效性。

2. 领导作用

领导是质量管理的关键。要想有效地控制和管理企业的质量，领导有责任建立企业统一的目标、方向，营造一个能使员工充分参与实现企业质量目标的良好内部环境和企业质量文化。

3. 全员参与

员工是企业的基础，高质量的产品、优质的服务、企业的业绩都建立在每位员工的工作之上。只有全体员工充分参与，才能建立和健全企业的质量管理体系。

4. 过程方法

过程方法就是要将活动视为一个由相互关联、功能连贯的过程组成的体系，并通过这种方式来进行管理，才能更有效地实现预期的结果。

5. 持续改进

企业只有坚持持续改进，才能不断进步。为了改进企业的整体业绩，企业必须不断地改进产品质量、改进质量管理体系和管理过程的有效性和效率，才能满足顾客和其他相关方日益增长和不断变化的需求与期望。

6. 循证决策

循证决策强调在做出管理和操作决策时依赖于事实的分析和实证数据。这种方法旨在确保决策过程既透明又可验证，减少主观偏见和偶然性的影响，提高决策的有效性和可靠性。

7. 关系管理

企业与供应方是相互依存的关系，供应方向企业提供的产品质量对企业向顾客提供的产品质量有着重要的影响，而且直接影响企业对市场的快速应变能力。企业与供应方应建立互惠互利的合作关系，以提高双方创造价值的能力。

知识巩固

1. ISO 9000 系列核心标准的构成与作用是什么？

2. 质量管理原则有哪些？请尝试使用身边的案例来解释。

第三节　质量管理方法

学习目标

- 1. 了解主要质量管理方法的特点。
- 2. 掌握各类质量管理方法。

质量管理方法是企业用来确保其产品和服务满足顾客需求的一系列策略、技术和工具。这些方法不仅可以提高产品和服务的质量，还能提升企业的效率和竞争力。

一、检查表

检查表是一种数据收集工具，用于收集和记录数据，特别是在收集特定类型问题、缺陷次数、原因或位置时非常有效，有助于企业系统地收集数据，以便于进一步分析。

例如，在制造业中，一个组装线的质量控制部门可能使用检查表来记录每天发现的不同类型的产品缺陷（如划痕、不正确的组装、缺件等），通过收集一周的数据，他们能够识别出最常见的问题类型，并针对性地采取改进措施。

二、分层法

分层法是将数据分成不同的层或组以进行分析的方法。这种分层可以基于时间、地点、产品类型等因素，更容易识别数据的模式和趋势，特别是当数据集合很大时。

常用的分层标志包括以下几项。

人员：可按年龄、职级、性别等分层。

机器：可按设备类型、新旧程度等分层。

材料：可按产地、批号、成分等分层。

方法：可按工艺要求、操作方法等分层。

环境：可按气候条件等分层。

时间：可按不同的班次、日期等分层。

例如，一家电子产品制造商收到了关于其产品电池性能不佳的投诉。通过分层法，公司分析了不同批次、不同供应商和不同生产线的电池性能数据，发现某供应商提供的电池存在普遍问题，进而采取了替换供应商的措施。

三、排列图

排列图又称帕累托图，是寻找主要问题或确定影响质量主要因素的一种图示技术。排列图的理论基础是帕累托法则，即“关键的少数和次要的多数”。在质量改进项目中，少数关键因素起着决定性的作用，通过区分“关键的少数和次要的多数”，可以找到最具改进潜力的问题，从而用最小的努力获得最大的改进。

例如，一家手机制造商收到了关于其最新型号手机的顾客投诉。为了识别和解决最常见的问题，质量管理部门决定使用帕累托图进行分析。对手机一个月内顾客投诉数据进行归类（屏幕、续航、音质等），接下来记录投诉频率，通过分析帕累托图，手机制造商识别出需要优先解决的关键问题，即屏幕和电池问题。这促使其进一步调查这两个问题的原因，并采取措施进行改进，比如改进屏幕的耐用性和优化电池管理软件。这样的分析和改进有助于提高顾客满意度，并减少未来的类似投诉。帕累托图通过识别“少数关键原因”（二八法则），帮助企业集中资源和精力解决那些造成大部分问题的原因，从而以更高的效率实现质量改进。

拓展阅读

二八法则

二八法则，也被称为帕累托法则，是一个经济学原理，它表明在许多情况下，大约 80% 的效果来自 20% 的原因。这个法则最初由意大利经济学家维尔弗雷多·帕累托（Vilfredo Pareto）提出，他注意到意大利大约 80% 的土地由 20% 的人口拥有。后来，这个原则被广泛应用于各个领域。

二八法则的应用非常广泛，它不仅仅限于经济学领域。在商业管理中，经常用来指出少数关键因素（大约 20%）对结果有着决定性的影响

（大约 80%）。例如，在销售领域，可能会发现大约 20% 的客户贡献了 80% 的销售额。在时间管理方面，20% 的工作可能产生 80% 的成果。

四、直方图

直方图又称频数分布图，是通过对测定或收集来的数据加以整理，统计其在不同区间上的频数分布，来判断和预测生产过程质量和不合格品率的一种常用工具。

例如，质量管理团队使用直方图来分析最近一个月内产品尺寸的变异度。通过直方图，团队发现大部分产品的尺寸都紧密集中在规定的公差范围内，但也有少数产品超出了公差范围，提示需要进一步调查生产过程。

五、散点图

散点图，又称相关图，用于展示两个变量之间的关系。通过观察数据点的分布，可以判断变量之间是否存在相关性，以及相关性的方向和强度。散点图的典型案例如图 7–3–1 所示。

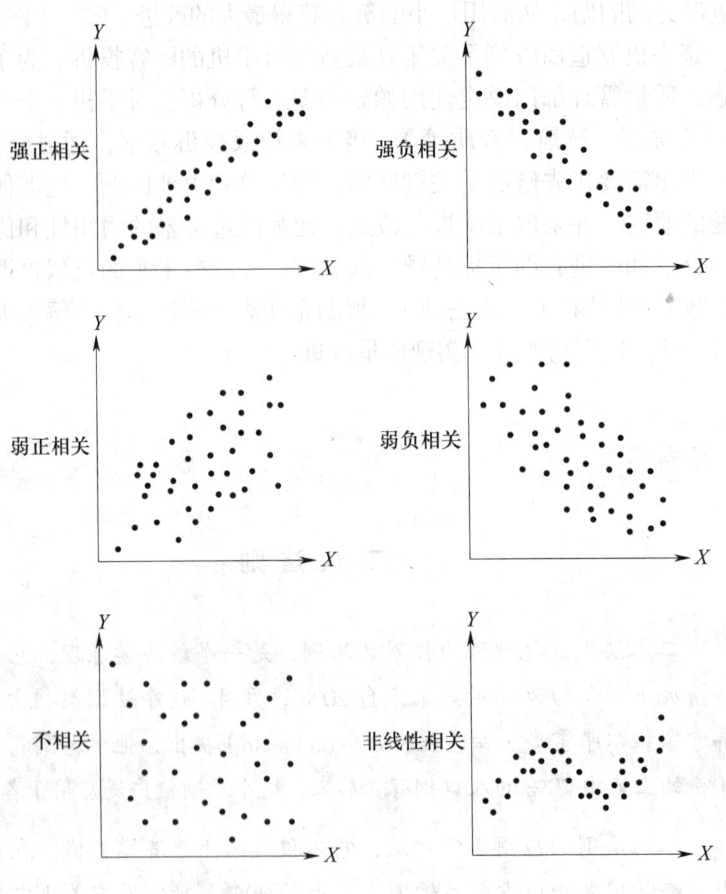

图 7–3–1　散点图典型案例

例如，一个汽车零件制造商研究零件质量与其性能的关系。通过绘制散点图，分析了两者之间的相关性，发现质量较轻的零件性能更佳。这有助于指导设计更轻的零件以提高汽车性能。

六、控制图

控制图是对过程质量特性进行测定、记录、评估，从而检查过程是否处于控制状态的一种用统计方法设计的图，用于甄别由异常或特殊原因所引起的波动，控制图的基本案例如图 7-3-2 所示。一般来说，控制图上有三条平行于横轴的直线：上控制线（upper control line，简称 UCL）、下控制线（lower control line，简称 LCL）和中心线（central line，简称 CL），并有按时间顺序抽取的样本统计量数值的描点序列。它通过特定的控制线来判断过程是否处于受控状态，有助于及时发现过程变化，采取改进措施。

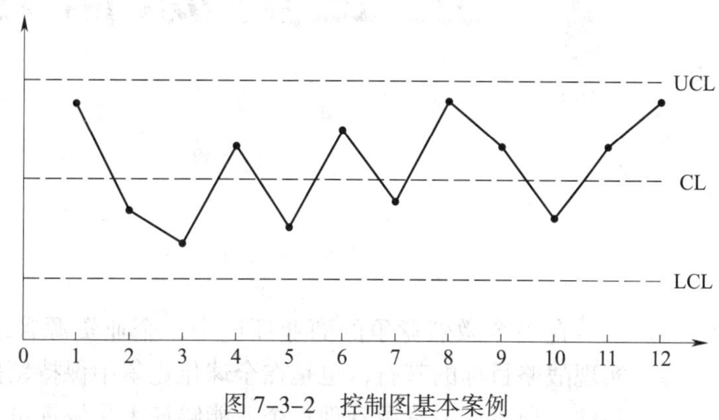

图 7-3-2 控制图基本案例

例如，在医药行业，质量控制部门利用控制图来监控药品的生产过程，确保关键参数（如成分浓度）保持在可接受的范围内。通过持续监控，质量控制部门可以及时发现过程失控的迹象并采取纠正措施。

知识巩固

1. 质量管理包括哪些方法？其主要特点是什么？

2. 质量管理方法中，分层法的分层标志包括什么？

第八章

企业资源管理

在当今激烈竞争的商业环境中，企业资源管理不仅是组织实现战略目标的基石，也是在全球化竞争中保持领先地位的必要条件。通过人力资源管理，企业能够最大化发挥员工的潜能和效能，打造一个干劲十足的团队。财务管理的精确执行保证了企业能够有效应对市场的不确定性，保持财务稳健。物资与设备管理的高效运作直接影响产品质量和生产效率，是实现企业运营优化的关键。同时，信息与数据管理的前瞻性布局使得企业能够迅速适应市场变化，捕捉增长机会。通过本章的学习，我们可以获得企业资源管理的4类知识，为企业提供一个全面的支持框架，使其能够有效应对挑战，抓住机遇，从而实现可持续发展和长期成功。

第一节　人力资源管理

学习目标

- 1. 掌握人力资源管理的内容。
- 2. 熟悉人力资源规划的概念与编制流程。
- 3. 了解招聘与配置、培训与开发的方法。
- 4. 了解薪酬管理、绩效管理与员工关系管理的概念与方法。

一、人力资源管理的内容

1. 人力资源管理的环节

通俗地讲，现代企业的人力资源管理工作包括选、育、用、留 4 个环节，这 4 个环节涵盖了员工入职、培养、使用、激励的全过程。

从更专业的角度，一般将企业的人力资源管理工作分为 6 个模块，包括人力资源规划、招聘与配置、培训与开发、绩效管理、薪酬管理、员工关系管理。现代企业的人力资源管理工作一般就是按照这样的模块进行分工和安排的。

人力资源管理的 4 个环节和 6 个模块如图 8-1-1 所示。

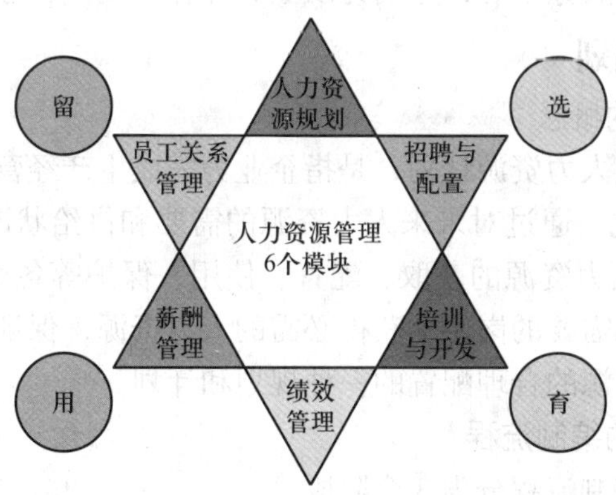

图 8-1-1　人力资源管理 4 个环节与 6 个模块

2. 人力资源管理的新发展

随着时代的发展，人力资源管理部门的定位也在发生改变。戴维・尤里奇（Dave

Ulrich）在《人力资源冠军》一书中提出了著名的“人力资源管理三支柱模型”（见图 8-1-2），成为当前企业人力资源管理领域发展与转型的方向。

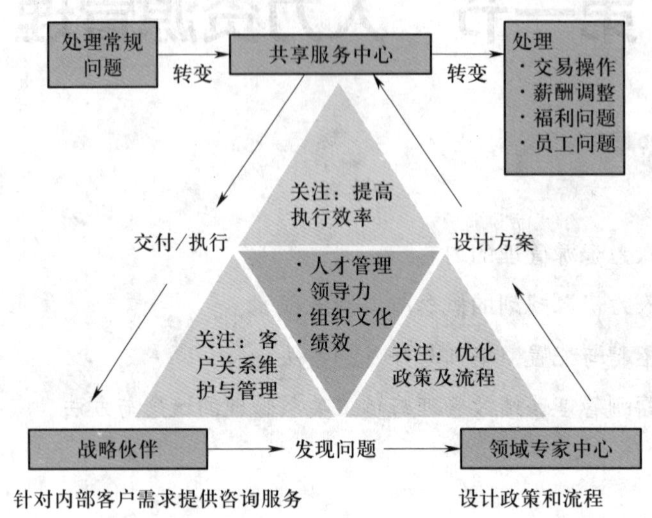

图 8-1-2　人力资源管理三支柱模型

借用营销的客户细分理论，企业的人力资源管理者也可以把自己的目标客户分为以下 3 类。

（1）高层管理人员。他们的需求主要是希望为战略的执行提供组织、人才、文化、制度及变革等方面的支持。

（2）中层管理人员。他们的需求主要是希望提供人员管理方面的咨询、辅导和工具。

（3）员工。他们的需求主要围绕在解答政策方面的疑问，提供便利的服务支持，如劳动合同签订、入职手续办理、薪酬发放等。

在三支柱模型中，将企业传统的人力资源管理部门拆分为 3 种角色，即领域专家中心、战略伙伴、共享服务中心，分别为以上 3 种客户提供服务。

二、人力资源规划

1. 人力资源规划的概念

人力资源规划也叫人力资源计划，是指企业为完成生产经营目标，实施发展战略，根据内外部环境的变化，通过对未来人力资源的需要和供给状况的分析，制订人力资源供需平衡计划，对人力资源的获取、配置、使用、保护等各个环节进行策划，以确保组织在需要的时间和需要的岗位上获得必需的人力资源，保证事得其人、人尽其才，实现人力资源与其他资源的合理配置的一种规划和计划。

2. 人力资源规划的编制流程

人力资源规划的编制流程分为 3 个阶段。

（1）通过对企业战略的分析，对近年来人力资源变动情况的分析，对外部市场人力资源供给环境的分析，形成企业未来的人力资源需求。

（2）编制人力资源总体规划，分为人力资源总量目标、人力资源结构优化目标和人力资源素质提升目标。

（3）在人力资源总体规划基础上，完成管理体制调整计划、人员调配补充计划、素质提升计划、退休解聘计划等。

在实际运行中，还要对人力资源规划体系与实际运行情况的差距进行持续分析，并不断完善。

三、招聘与配置

明确各个岗位的工作内容和要求，把人员放到适宜的岗位上去，是人力资源管理工作的起始和基础。

1. 工作分析与岗位设计

工作分析包括两部分活动，一是定义该岗位所从事的工作内容和所承担的工作职责；二是确定该岗位所要求的任职资格，如学历、专业、年龄、技能、经验、能力、态度等。工作分析的输出结果，叫作岗位说明书。

一般来说，岗位说明书包括岗位基本信息、岗位（总）目标、岗位职责、任职资格要求 4 个部分。

（1）岗位基本信息，载明岗位名称、岗位等级、所在单位、上下级、岗位编号等信息。

（2）岗位（总）目标，说明岗位存在的意义与价值。

（3）岗位职责，分为职责表述，以及职责表述之下的工作任务、权利与关键绩效指标描述。

（4）任职资格要求，包括岗位工作所需的知识、经验、技能、素质等方面的要求。

2. 人员编制核定

人员编制的核定往往与工作分析、岗位设计同步开展，统称为定岗定编，它要解决的是各工作岗位配备何种素质的人员，以及配备多少人员的问题。

3. 招聘与人员测评

招聘的过程，包括企业面向社会发布招聘信息的过程，通过各种渠道获得人才信息，以及对应聘人员进行甄选的过程。

甄选人员的依据是岗位说明书，也就是要采取各种技术和方法对应聘人员进行评价，看其是否符合岗位说明书的要求，这些评价方法包括面试、笔试和综合评价。

四、培训与开发

除了外部引进人才之外，企业内部的人才培训与开发也是企业人员补充、素质提升的重要手段。站在打通员工发展通道、鼓舞士气的角度，内部人才培训与开发的意义甚至远远大于外部引进。因此，各个企业在人才培训方面都应该有较大的投入，涉及以下 3 项工作。

1. 能力素质模型

要实现人才培训与开发的最佳效果，首先要明确企业所需要的人才能力标准是怎样的。担任某一特定的职务所需要具备的能力素质的总和，叫作能力素质模型。

能力素质模型如同漂浮在水面上的冰山，水面之上的部分是技能、知识、经验，这些要素更容易被识别和衡量，而深藏在水下的部分则包括社会角色、自我形象、个性和动机，这些要素难于被衡量和发现，却在人的成就中起到更为关键的作用。

员工能力素质模型是选拔员工、培训和开发员工能力的基础。

2. 培训管理

人才培训是企业人力资源工作中的重要环节，培训管理工作包括培训需求调查、培训计划、培训组织实施、培训效果评价 4 个主要环节。

3. 多元化的人才开发与培养方式

对于人才的开发，许多人认为就是进行培训。事实上，培训只是人才开发过程中的一种方式。在现实中，企业往往采取多元化的人才开发与培养方式，如导师制与现场工作指导、对外交流与访学、内部轮岗、设置助理岗或 AB 岗等。

五、薪酬管理

薪酬是指员工在付出劳动之后而获得的各种形式的报酬，包括经济性薪酬和非经济性薪酬两大类。经济性薪酬分为直接薪酬和间接薪酬。其中直接薪酬是企业按照一定标准以货币形式向员工支付的薪酬；间接薪酬又称企业福利，不直接以货币形式发放，但通常可给员工带来生活上的便利、减少员工的额外开支或免除其后顾之忧。非经济性薪酬是指无法用货币等手段来衡量，但会给员工带来心理愉悦效用的各种激励因素。

1. 薪酬管理的范围与目标

薪酬管理是在企业战略指导下对员工薪酬支付原则、薪酬策略、薪酬水平、薪酬结构、薪酬构成等进行设计、运行和调整的动态管理过程。

一般来说，薪酬管理包括薪酬体系设计、薪酬日常管理两个方面的工作。薪酬管理的目标体现在吸引人、保留人、激励人 3 个方面。

（1）薪酬管理要解决“吸引人”的问题，即企业在关键岗位上的薪酬水平要有吸引力。但同时，薪酬水平的提高也意味着企业管理成本的提高，只有企业整体的效率提升，才能实现组织价值的提升率大于人工成本的增加率，企业也才能有效运行。

（2）薪酬管理要解决“保留人”的问题。众所周知，员工流失会给企业带来巨大的损失。有关统计显示，员工流失 80% 以上的原因在薪酬分配方面。企业在薪酬分配过程中要做到标准公平、过程公平、机会公平。

（3）薪酬管理要解决“激励人”的问题。有的企业薪酬水平不低，但大家仍然没有工作干劲，原因可能在于薪酬结构设计得不合理，没有充分利用薪酬的激励效果，形成了所谓的“大锅饭”“平均主义”，起不到奖优罚劣、推动组织前进的目的。

2. 直接薪酬构成

企业工资制度的设计有的偏重按岗位计酬，有的偏重按能力（技能）计酬，有的则偏重按绩效（工时、销量）计酬。现实中的企业往往采取的是组合工资制，即将多个元素进行组合，以充分发挥各种工资制度的优点。

一般来说，直接薪酬主要包括基本工资、加班费、奖金、津贴、补贴等。

3. 福利体系

员工福利是一种以非现金形式支付给员工的报酬，从构成上来说可分成两类：法定福利和企业福利。

（1）法定福利。法定福利是国家或地方政府为保障员工利益而强制企业执行的报酬部分，如养老保险、医疗保险、失业保险、住房公积金等。

（2）企业福利。企业福利是企业自愿发起的、针对员工的、非货币性的报酬，包括补充养老保险、补充医疗保险、住房、免费午餐、班车、员工文娱活动等。

六、绩效管理

绩效管理是企业人力资源管理中最为核心的内容，是有效衔接企业战略和员工行动，以及对员工的工作成果做出客观评价的重要管理方法。

1. 绩效管理的概念

绩效管理是指为了达到企业目标，由各级管理者和员工共同参与的，包含绩效计划制订、绩效辅导沟通、绩效考核评价、绩效结果应用等环节在内的持续循环的管理过程。

2. 绩效评估的方法

绩效管理循环包括绩效计划、绩效辅导、绩效考核、结果应用 4 个基本环节，如图 8–1–3 所示。

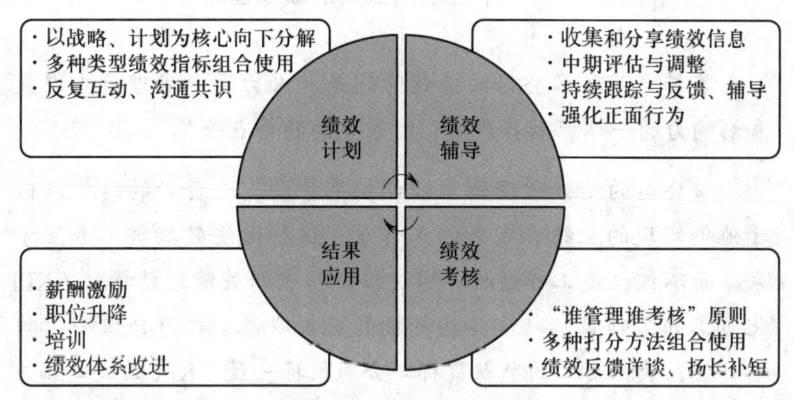

图 8–1–3　绩效管理循环

特别需要说明的是，绩效管理循环不是简单的平面循环，而是螺旋上升式的。下一轮绩效计划工作的标准一定是在本次绩效计划工作的标准之上，如此步步提高，组织的绩效也就实现了持续的改进与提升。

3. 绩效管理的方法

绩效管理的方法很多，比较常见的绩效管理方法有以下几种。

（1）关键绩效指标（key performance indicator，简称 KPI）考核法。该方法只管理关键绩效指标，指标追求结果导向、少而精原则。优点是聚焦、量化关键指标，缺点是容易使得考核变成机械的动作。对于业务非量化或业务模式尚未稳定的组织，KPI 考核法不是十分适用。

（2）目标管理法。目标管理也称成果管理或责任制，是以目标为导向，以人为中心，以成果为标准，在员工的积极参与下自上而下地确定工作目标，并在工作中实行自我控制，自下而上地保证目标实现，从而使组织和个人取得最佳业绩的一种管理方法。

（3）360 度考核法。360 度考核法是指由被考核人的直接上级、直接下级、横向同事分别对被考核人进行评价的一种考核方法。一般来说，360 度考核法主要是对被考核人的工作能力、工作态度等进行考核，其往往是系统考核体系的组成部分。

（4）平衡计分卡。平衡计分卡是一种从组织战略出发，按照财务、客户、内部运营、学习与成长 4 个角度，将战略落实为可操作的衡量指标和目标值的新型绩效管理体系。平衡计分卡绩效考核的核心就是建立"战略制导"的绩效管理系统，从而保证企业战略得到有效的执行。因此，人们往往也称平衡计分卡是战略执行力的管理工具。

在企业的绩效管理工作中，往往会组合使用以上方法。

案例分析

某互联网公司的绩效管理

某知名互联网公司的绩效管理是其人力资源管理策略中最具特色和影响力的一环，以其严格、结果导向的特点著称。

该公司的绩效管理体系强调结果导向，即员工的绩效评估主要基于他们实现的业绩和完成的工作量。这种做法鼓励员工专注于实际成果，而不仅仅是工作过程。通过设定明确的关键绩效指标（KPI）来量化员工的工作目标。这些指标既具有挑战性，也符合该公司的总体战略目标，确保员工的个人目标与公司目标一致。KPI 的设定涵盖了多个方面，从项目完成度到客户满意度，再到市场拓展效率等。实行分层绩效评价体系，将员工绩效分为多个等级，从而形成了竞争和激励的机制。这种分层绩效评价体系确保了对优秀人才的激励，同时也为低绩效员工提供了改进的方向和压力。

总的来说，该公司的绩效管理体系通过明确的目标设定、严格的评价标准和绩效与奖励的紧密结合，创建了一个高效、透明和公平的工作环境，极大地激发了员工的工作热情和创新能力，为该公司的快速发展提供了坚实的人力资源支持。

七、员工关系管理

员工关系管理是组织内部人力资源管理的一个关键组成部分，它关注于建立和维持积极健康的员工与管理层之间的关系。良好的员工关系能够提升工作满意度，促进团队合作，降低员工流失率，从而提高组织的整体绩效。

1. 员工关系管理的内容

员工关系管理涵盖了一系列活动和策略，旨在促进员工与组织之间的正面互动。其主要内容包括以下 3 点。

（1）沟通策略。企业应该建立开放、透明的沟通渠道，确保员工能够及时了解组织的策略、变化和决策过程，同时也能够表达自己的意见和建议。

（2）员工参与。企业应该鼓励员工参与决策过程，通过团队会议、员工代表制度等方式，让员工对组织的发展有更多的归属感和参与感。

（3）公平与正义。企业应该确保员工在招聘、晋升、奖励和纪律处分等方面受到公平对待，无不合理的歧视或偏见。

2. 员工满意度调查与管理

企业需要定期进行员工满意度调查，收集员工对工作环境、团队合作、管理方式、薪酬福利、个人发展等方面的反馈和建议。对调查结果进行深入分析，识别员工满意度的关键驱动因素和潜在的问题。基于调查分析结果，制订并实施具体的行动计划，解决发现的问题，改善员工的工作体验和满意度。

3. 冲突解决与员工投诉管理

（1）预防机制。建立有效的预防机制，如培训、团建活动和正面沟通指导，以减少冲突的发生。

（2）投诉渠道。为员工提供明确、便捷的投诉渠道，确保他们在遇到问题时能够得到及时的倾听和支持。

（3）冲突调解。采用专业的冲突解决策略和技巧，如召开调解会议、调解人态度中立等，公正、高效地处理员工间的冲突或对管理的投诉，恢复和谐的工作环境。

通过有效的员工关系管理，企业不仅能够提升员工的工作满意度和忠诚度，而且能够构建一个更加和谐、高效的工作环境，为实现组织目标提供坚实的人力资源支持。

知识巩固

1. 人力资源管理的主要内容包含什么？

2. 薪酬管理的范围与目标是什么？

3. 绩效管理的概念是什么？用什么方法可以实现绩效管理？

第二节 财务管理

学习目标

- 1. 了解财务管理的内容与资产负债表、利润表、现金流量表的含义。
- 2. 掌握预算管理与成本管理的概念与主要内容。

一、财务管理的内容

在财务管理思维的指导下，结合企业实际开展必要的财务管理活动，是确保企业健康运行、高效运作的基础。

1. 财务分析

财务分析是以会计核算和报表资料及其他相关资料为依据，采用一系列专门的分析技术和方法，对企业过去和现在的筹资活动、投资活动、经营活动、分配活动的盈利能力、营运能力、偿债能力、增长能力等进行分析与评价的经济管理活动。

财务分析的目的是为企业的投资者、债权人、经营者及其他关心企业的组织或个人了解企业过去、评价企业现状、预测企业未来、做出正确决策提供准确的信息支持和依据。

2. 预算管理

预算管理是指企业在战略目标的指导下，对未来的经营活动和相应的财务结果进行充分、全面的预测和筹划，并通过对执行过程的监控，将实际完成情况与预算目标进行动态对比，从而及时指导和改善经营活动，以最大限度地推动企业实现财务目标。

3. 成本管理

成本管理是企业生产经营过程中一系列成本管理活动的总称，成本管理一般包括成本预算、成本决策、成本计划、成本核算、成本控制、成本分析、成本考核等职能。

4. 营运资金管理

营运资金管理是对企业流动资产及流动负债的管理。营运资金就如同人体内的血液，企业维持正常运转必须拥有适量的营运资金。营运资金管理是企业财务管理的重要组成部分。

5. 投融资管理

投融资管理包括两个方面的内容，一是根据企业的资金需求确定科学合理、成本最低的融资方案与融资计划；二是根据企业的战略要求，考察投资标的并评估投资活动的可行性，在此基础上制定投资方案，组织投资活动，进行投资后管理，最终实现企业投资效益的最大化。

以上各项财务管理活动相互联系，互为支撑，共同构成了企业的整个财务管理体系。

案例分析

某科技公司的财务管理

某公司是全球最知名的科技公司之一，以其创新的产品和强大的品牌价值闻名。该公司的财务管理，尤其是其现金管理策略，是企业财务管理成功的典范。

该公司拥有庞大的现金储备，这是其财务策略的核心。该公司利用这一策略来保持现金足够的流动性，以应对不确定的市场环境，同时也为未来的投资和并购活动提供资金支持。该公司的现金管理策略体现了谨慎和远见，确保公司能够把握成长机会，同时保持财务稳健。

在财务管理中，该公司非常注重风险管理。通过对外汇风险、利率风险以及信用风险的有效管理，该公司确保了其财务稳定和盈利能力的持续性。该公司采用衍生金融工具和多种金融策略来对冲这些风险，展示了其在风险管理方面的专业性和前瞻性。同时该公司利用其庞大的现金储备进行战略性的投资和并购，以加强该公司的核心竞争力和市场地位。这些投资和并购活动不仅加速了该公司的创新步伐，还增强了该公司在关键技术领域的能力，为其长期增长奠定了基础。

通过这些财务管理策略，该公司不仅在财务方面保持了强大的实力，而且还为公司的持续增长和发展提供了坚实的支持。该公司的案例显示了高效财务管理在企业成功中的重要作用，特别是在资本充足、投资策略明智以及风险得到有效管理的情况下。

二、财务报表

作为财务分析的基础，财务报表的使用和解读是基本功，是必须掌握的财务管理技能。

1. 会计恒等式

会计恒等式是指各个会计要素在总额上必须相等的一种关系式，主要包括以下两个关系式。

（1）资产 = 负债 + 所有者权益，这个公式主要用于资产负债表的解释，也就是说，一个企业拥有的全部资产分为两块，一块是借入的，即负债；另一块是企业自有的（包括初始投资和经营累计利润等），即所有者权益。

（2）收入 - 费用 = 利润，这个公式主要用于利润表的解释，这里的收入和费用是广义的，也就是说，企业创造的收入减去付出的成本和费用之后，就是企业创造出来的利润。

会计恒等式是财务报表构建的基础，也是解读财务报表的关键点。

2. 资产负债表

资产负债表是反映企业在某一特定日期（如月末、季末、年末）全部资产、负债和所有者权益情况的会计报表，是企业经营活动的静态体现，根据“资产 = 负债 + 所有者权益”这一平衡公式，依照一定的分类标准和一定的次序，将某一特定日期的资产、负债、所有者权益的具体项目予以适当的排列编制而成。

3. 利润表

利润表又称损益表，是反映企业在一定会计期的经营成果及其分配情况的会计报表，是一段时间内公司经营业绩的财务记录，反映了这段时间的销售收入、销售成本、经营费用及税收状况，报表结果为公司实现的利润或形成的亏损。

4. 现金流量表

现金流量表用于记录企业在一定时期内现金和现金等价物的流入和流出情况。现金流量表遵循“现金及现金等价物的净增加额 = 经营活动产生的现金流量 + 投资活动产生的现金流量 + 筹资活动产生的现金流量”这一核算逻辑，反映了企业在一定时期内的现金收支状况，包括经营活动、投资活动和筹资活动产生的现金流量。

三、预算管理

1. 预算管理的意义

对于企业来说，建立预算管理体系的意义，已经远远超出了财务管理的范围。第一，建立预算管理体系，可以将企业的战略目标以具体化、数字化的方式分解下去；第二，有利于构建结果导向的激励机制，通过业绩完成情况与预算数据的比较，兑现激励，促进目标达成；第三，有利于控制经营风险，通过对收入和支出的合理性和与目标的差异进行分析，纠正偏差，调整方向；第四，有利于统一认识，明确部门定位，增强部门间合作、沟通与协调；第五，有利于科学分配资源，合理安排资金，做到收支平衡。

2. 预算管理的内容

全面预算体系包括经营预算、资本预算和财务预算 3 个方面，与传统的财务预算相比，经营预算把企业的生产销售活动纳入了预算，使得预算管理覆盖了企业经营管理的全链条。同时，资本预算将企业的资金使用纳入预算，实现了对资源分配的有效预测与管理。

预算管理的内容如图 8-2-1 所示。

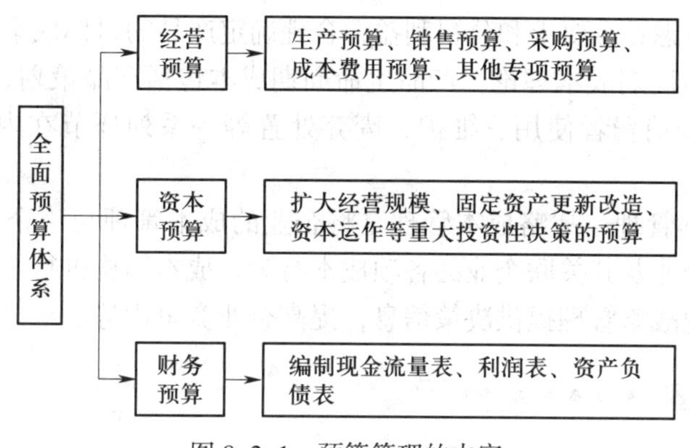

图 8-2-1　预算管理的内容

四、成本管理

1. 成本规划

成本规划是成本管理过程的起始环节，它涉及对未来一定期间内企业成本的预测和规划。这一过程要求企业明确其业务目标和策略，基于这些目标和策略，确定所需资源和相应的成本预算。成本规划需要考虑市场条件、生产能力、资源供应情况等因素，以确保成本预算的合理性和可行性。通过有效的成本规划，企业可以在早期阶段识别潜在的成本超支风险，并采取预防措施。

2. 成本分类与计算

成本分类与计算是对企业成本进行系统化管理的基础。成本通常按照不同的标准进行分类，常见的分类包括以下 3 种。

（1）按性质分类，如直接成本和间接成本。

（2）按功能分类，如生产成本、销售成本和管理成本。

（3）按变动性分类，如固定成本、变动成本和混合成本。

3. 成本控制与优化

成本控制与优化是成本管理的核心，旨在通过各种措施和技术手段，持续监控和调整成本，确保成本不超过预算，同时寻求成本节约和效率提升的机会。

通过有效的成本管理，企业不仅能够控制和降低成本，还能够提高市场竞争力和盈利能力，从而实现可持续发展。

4. 成本管理的理论与方法

自 20 世纪 60 年代以来，成本管理领域陆续出现了一系列具有代表性的新理论、新方法，目前已经成为成本管理领域的成熟方法，得到了广泛的应用。

（1）作业成本法。作业成本法是目前在企业成本管理方面使用最广泛的方法，这种方法可以将成本管理的重心深入到供应链作业层面，将企业发生的各种费用通过成本动因更为精确地分摊到产品成本中，尽可能消除“非增值作业”，改进“增值作业”，优化“作业链”和“价值链”，从而为企业决策者提供更为准确的产品成本信息。

（2）成本规划。这是一种在产品设计阶段降低成本的方法，它要求企业在新产品开发阶段就综合考虑顾客要求和公司利益，合理确定产品的目标成本。

（3）产品生命周期成本理论。产品生命周期成本包括产品策划、开发、设计、制造、营销、物流、消费者使用、维护、废弃处置等一系列环节在内的全生命周期成本。

（4）战略成本管理。战略成本管理是将企业的成本管理与该企业的战略相结合，从战略的高度对企业及其关联企业的各项成本行为、成本结构进行全面的了解、分析、控制，从而为企业战略管理提供决策信息，提高企业竞争优势。

知识巩固

1. 财务管理的主要内容是什么？
2. 财务管理的主要报表是哪三个？它们能对企业运营起到什么作用？
3. 成本管理的主要内容是什么？成本可以分成哪几类？

第三节　物资与设备管理

学习目标

- 1. 了解物资与设备管理的概念与目标。
- 2. 掌握物资的过程管理以及如何选择适用的设备。

一、物资与设备管理的概念

1. 物资管理的概念

物资管理是指在企业的生产和运营过程中，对原材料、辅助材料、成品、半成品等物资进行有效的采购、存储、调配和控制的一系列活动。其核心目的是确保物资供应的及时性、充足性和成本效率，以满足生产需求，同时最大化经济效益。物资管理涉及的关键环节包括物资需求计划、供应商选择、采购、接收、存储、发放以及库存控制等。良好的物资管理不仅能够保障生产顺利进行，还能够减少库存成本、提高物资利用率，提升企业的整体运营效率和盈利能力。

2. 设备管理的概念

设备管理是指对企业的生产设备、办公设备和其他相关硬件资产进行有效规划、采购、使用、维护和更新的过程。这涉及设备的选型与采购、性能监控、定期维护与修理、设备升级以及淘汰和处置等各个方面。通过有效的设备管理，企业能够保障生产流程的稳定性和安全性，提高生产效率，并控制和优化与设备相关的总成本。设备管理对于那些依赖重型机械和复杂设备进行生产的企业尤为重要，是保障企业运营效率和竞争力的关键因素之一。

二、物资与设备管理的目标

物资管理的目标包括确保物资的及时供应，优化成本效率，保证物资质量，实现库存的合理管理，旨在支持无缝生产流程，减少浪费，提升整体运营效率。

设备管理的目标是保持设备的可靠性和稳定性，提高生产效率，延长设备使用寿命，以及确保设备操作的安全和符合环保标准，以促进生产效率的最大化，同时降低长期成本。

三、物资的过程管理

物资的过程管理是一个综合性的管理活动，旨在确保企业的物资供应与需求之间达到最优平衡，从而为企业运营的高效与经济提供支持。物资过程管理通常涉及物资供应计划的编制、检查和物资库存的控制等关键环节。

1. 物资供应计划的编制

物资供应计划的编制是物资过程管理的起点，它要求企业准确预测未来一段时间内的物资需求，并制订相应的采购计划。企业应基于历史数据、市场趋势、销售预测以及生产计划等信息，估算未来一定时期内市场对各种物资的需求量。选择合适的供应商是编制有效物资供应计划的关键，需要评估供应商的交货质量、交货时间、价格和服务等因素。最终，综合考虑物资需求、供应商情况、库存水平和财务预算，制订具体的采购计划，明确采购物资的种类、数量、采购时间及供应商。

2. 物资供应计划的检查

物资供应计划一旦制订完成，需要定期进行检查和调整，以确保计划的实施与实际需求保持一致。企业应监控采购进度和供应商的交货情况，确保物资按计划供应，及时调整计划以应对延期或缺货等问题，并根据生产实际情况、市场变化或供应商情况的变动，适时调整物资供应计划，如更改采购数量、采购时间或更换供应商。

3. 物资库存的控制

物资库存的控制是物资过程管理中至关重要的一环，目的是保持适当的库存水平，既能满足生产需求，又能最小化库存成本。

企业应根据物资的类别、需求波动和供应情况，制定相应的库存策略，如定量订购、及时制造等。通过定期盘点库存和使用库存信息系统，实时监控库存水平，识别过量库存或库存短缺的风险。针对库存的实时变化，进行有效的库存管理，如提高库存周转率，减少积压库存，降低仓储和资金占用成本。

案例分析

某制造型企业的物资库存管理

随着市场需求的不断变化和生产规模的扩大，中国某制造型企业面临着日益复杂的物资管理挑战。为了更有效地管理物资供应并控制库存成本，该企业采取了一系列物资过程管理措施。

该企业通过分析历史销售数据、市场趋势以及生产计划，成功预测了未来几个季度对关键原材料的需求量。然后，该企业对现有的供应商进行了全面评估，考虑到交货质量、交货时间、价格和服务后，选定了几家性价比较高的供应商，并与其签订了长期供应合同。此外，该企业还制订了详细的采购计划，明确了采购物资的种类、数量和时间安排。

在物资供应计划执行过程中，该企业建立了一个动态监控系统，实时跟踪供应商的交货情况和生产线的物资需求。当发现供应延迟或市场需求突增等情况时，企业能够迅速调整采购计划，如增加紧急采购订单或更换供应商，以确保物资供应的连续性和及时性。

为了有效控制库存成本并减少库存占用空间，该企业采用了及时制造的库存策略。这意味着物资的采购和供应紧密跟随生产需求，大大减少了库存水平。同时，通过建立精细化的库存管理系统，该企业能够实时监控库存状态，及时发现并解决过量库存或缺货的问题。

通过这一系列的物资过程管理措施，该企业不仅确保了物资供应的稳定性和及时性，还显著降低了库存成本，提高了生产效率。此外，通过与供应商建立良好的合作关系，该企业在物资采购中也获得了更有利的价格和服务，进一步增强了市场竞争力。

四、设备的选择与使用

1. 设备的选择原则

设备的选择与使用是企业运营管理中的关键环节，直接影响到生产效率、产品质量和成本控制。通常来说，设备的选择有以下几大原则。

（1）符合生产需求。选择的设备应能满足生产的具体需求，包括产能、加工精度和产品规格等。

（2）技术先进性。设备应采用先进的技术，有助于提高生产效率和产品质量，同时具备良好的灵活性和扩展性，以适应未来生产需求的变化。

（3）经济性。在满足生产需求的前提下，考虑设备的投资成本、运行成本和维护成本，选择性价比高的设备。

（4）安全与环保。设备应符合安全生产的要求，且具有较好的环保性能，减少生产过程中的环境污染和能源消耗。

2. 设备的经济评价

在对设备进行经济评价时，企业通常考虑以下几个方面。

（1）初期投资成本，包括购买设备的费用、运输安装费用等。

（2）运行成本，包括能耗、原材料消耗、人工成本等。

（3）维护和修理成本，即定期维护和故障修理所需的成本。

（4）残值和使用寿命，即设备的预期使用寿命及报废时的残值。

3. 设备的使用过程管理

设备在使用过程中，需要确保操作人员接受适当的培训，熟悉设备的操作规程和安全注意事项，同时定期监测设备的运行状态和生产效率，及时发现和解决问题，并合理安排设备的使用计划，优化生产流程，提高设备利用率。

4. 设备的维护与修理

设备的维护与修理主要包括预防性维护、故障诊断与修理、备件管理。预防性维护是根据设备制造商的建议和实际运行经验，制订并执行定期的维护计划，减少设备故障并延长使用寿命。故障诊断与修理是建立快速有效的故障诊断和修理机制，最小化设备故障导致的生产停滞时间。备件管理是合理管理备件库存，确保关键备件的供应，以支持设备的快速修复。

通过对设备的精心选择和科学管理，企业可以确保设备在整个生命周期内发挥最大的经济效益和生产效率，支撑企业的长期发展。

知识巩固

1. 物资与设备管理的概念与目标是什么？

2. 物资的过程管理主要包含哪些关键步骤？

第四节　信息与数据管理

学习目标

- 1. 了解企业信息与数据的概念及信息与数据管理重要性。
- 2. 掌握数据收集、整理与存储相关知识。

一、信息与数据的概念

1. 信息的概念

信息是通过数据处理和解释后获得的有用知识或事实，它为特定的语境和目的服务。信息是经过组织、分析或转换后的数据。在企业管理中，信息是基于数据对现状或预期结果的理解，能够帮助管理者评估和指导组织的行为和制定策略。

2. 数据的概念

数据是对事实、观测或测量结果的记录，可以是数字、文字、图像等。数据通常是原始的、未经加工的，是信息的基础。在组织中，数据是通过各种方式收集的，包括交易记录、市场调研、生产活动和客户互动等，是后续分析和决策的原材料。

3. 信息与数据的关系

数据和信息之间的关系可以概括为：数据是信息的原料，而信息则是数据的产品。简单来说，数据在没有被解读和分析之前往往是没有直接意义的。当数据经过加工、分析和解释后，它变成了有用的信息，为决策提供支持。例如，销售额的数字（数据）经过对比和分析，可以告诉企业哪些产品最受欢迎或哪些市场表现最好（信息）。因此，信息与数据管理的目的是将有效收集、处理和分析的数据，转化为有助于企业决策和运营的信息。

二、信息与数据管理的重要性

信息与数据管理为企业提供了基于事实的洞察力和知识，能够支持决策制定、增强运营效率和促进战略规划实施。通过有效管理信息和数据，企业能够捕捉和分析市场趋势、顾客行为、内部运营效率以及竞争对手动态，从而做出更加明智的业务决策。此外，良好的信息与数据管理还有助于企业减少风险、优化资源分配、提高顾客满意度，并最终实现可持续发展和竞争优势。在信息技术飞速发展的今天，掌握和利用信息与数据成了企业赢取市场的关键武器。

三、数据收集与整理

1. 数据来源

企业数据可以来源于内部和外部：内部来源主要包括企业的财务记录、销售数据、生产数据、员工信息和库存管理等，这些数据直接来自企业的日常运营活动。外部来源主要包括市场研究报告、社交媒体和网络分析、行业报告、政府公布的统计数据等，这些数据有助于企业了解市场趋势、竞争对手情况和顾客需求。

2. 数据采集方法

数据采集方法多样，根据数据的类型和用途，企业可以采用不同的方法收集数据。

（1）自动化工具和软件。使用数据库管理系统、客户关系管理软件、企业资源计划系统等自动化工具收集和存储企业运营中产生的数据。

（2）调查和问卷。通过在线或纸质问卷调查收集顾客反馈、员工意见和市场需求等信息。

（3）观察和记录。通过系统观察和记录，如社交媒体监控和网站流量分析，获取关于顾客行为和偏好的数据。

（4）接口和应用程序编程接口（Application Programming Interface，简称 API）。利用第三方数据提供商的接口和 API 获取外部数据，如社交媒体数据、经济指标等。

3. 数据质量

确保数据质量是数据收集和处理中的重要环节，高质量的数据是做出准确决策的基础。因此，数据应准确无误，未经篡改，有一定的准确性；同时数据集应完整，没有缺失的部分，且不同数据源和时间点的数据应保持格式和度量标准的一致性，保证数据的完整一致。此外，数据应反映最新的情况，保持更新。

数据收集的方法和源头应可信，以保障数据的及时性与可信性。总的来说，企业收集的数据应满足准确性、完整性、一致性、及时性与可信性等特点。

四、数据存储与管理

1. 数据结构

数据结构是指组织和存储数据的方式，它决定了数据如何被存取、处理和管理。良好的数据结构设计能够提高数据查询的效率，简化数据处理过程。常见的数据结构有关系型数据结构和非关系型数据结构。关系型数据结构的数据以表格形式存储，表格之间通过关系连接，适用于结构化数据，广泛应用于传统的数据库系统，如 MySQL、Oracle 等。非关系型数据结构的数据可以以文档、键值对、图形等方式存储，更灵活，适合于非结构化或半结构化数据，常见的非关系型数据库包括 MongoDB、Redis 等。

2. 数据存储方式

数据存储方式是指数据物理存储的方法和介质，它影响着数据的访问速度和成本。

常见的数据存储方式有以下 3 种。

（1）本地存储。数据存储在企业内部的服务器或个人计算机上，适合对数据访问速度有高要求的场景。

（2）云存储。数据存储在云服务提供商的服务器上，通过网络访问。它提供了可扩展性、灵活性和成本效率，适合需要远程访问和数据共享的场景。

（3）分布式存储。数据被分散存储在多个位置或设备上，可以提高数据的可靠性和访问速度，适合大数据应用。

3. 数据安全

数据安全是指采取措施保护数据，使其免受未授权访问、泄露、损坏或丢失。为保障数据安全，企业应确保只有授权用户才能访问敏感数据，通过用户身份验证和权限管理实现，并对存储和传输的数据进行加密，即使数据被非法获取也无法解读。定期备份数据，以防数据丢失或损坏，确保可以迅速恢复。同时制定数据安全策略，定期对员工进行数据安全意识和操作技能的培训。

五、信息分析与应用

信息分析与应用是利用现代技术处理和分析大量信息，以发现有价值的信息，从而为企业制定决策和创新提供支持。在当前的信息时代，几项关键技术特别突出，包括大数据技术、云计算技术和人工智能技术。

1. 大数据技术

大数据技术涉及收集、存储、管理和分析大规模和复杂的数据集。这些技术使企业能够处理以前难以想象的数据量，从而发现新的信息和趋势。大数据分析可以应用于市场趋势分析、消费者行为预测、产品优化、风险管理等多个领域。通过大数据技术，企业能够基于数据驱动的信息做出更加精准和有效的业务决策。

2. 云计算技术

云计算技术提供了网络上的数据存储、服务器、数据库、软件等计算资源的使用和管理。它允许企业按需访问这些资源，无须在本地建立和维护硬件和软件基础设施。云计算的灵活性、可扩展性和成本效率使得企业能够快速适应变化，促进远程工作，同时支持大规模的数据分析和应用程序开发。

3. 人工智能技术

人工智能（Artificial Intelligence，简称 AI）技术通过模仿人类的学习、推理和自我改进能力，使机器能够执行复杂的任务和决策。AI 在信息分析和应用中的角色日益重要，包括机器学习、深度学习、自然语言处理等。这些技术可以用于语音识别、图像分析、自动化客户服务、预测分析等。AI 技术使企业能够从海量数据中提取深层次的信息，优化产品和服务，提高效率并创造新的价值。

案例分析

人工智能在电商公司中的应用

中国某电商公司利用人工智能技术来分析信息和应用信息。该电商公司利用人工智能技术开发了智能客服机器人。这个智能客服能够理解和处理用户的咨询和投诉，提供24小时不间断的服务。它通过自然语言处理技术理解用户的问题，并给出准确的回复或将问题转给人工客服处理。这极大地提高了客户服务效率和用户满意度。

知识巩固

1. 信息与数据的概念是什么？

2. 企业可以用哪几种方法收集数据？

3. 如何判断数据的质量？

第九章

企业行政管理

企业行政管理是一个结合企业管理与行政管理的概念。它指的是企业行政系统依据相关法律和制度，采用一定的原则和方法，对企业进行职能性管理的方案、措施和行为。企业行政管理的手段通常包括行政命令、指示、规定、奖惩条件等。企业行政管理的内容广义上包括行政事务管理、会务外联管理、档案资料管理、后勤服务管理等。

第一节　行政事务管理

学习目标

- 1. 了解行政事务管理的主要内容。
- 2. 掌握企业印章的类型和用途。
- 3. 掌握企业公文的类别和格式。

行政事务管理的内容主要包括办公环境的管理、办公印章管理、文书管理、接待工作、协调工作、督查工作、日程安排、临时交办工作等。

一、办公环境管理

行政事务管理的内容之一是要对所处的办公环境加以合理的设计。办公环境包括空间环境、视觉环境、听觉环境、空气环境、健康与安全环境。

办公环境的优化原则：方便、舒适、整洁、和谐、统一、安全。

环境布置的要点是要营造一个安静的工作环境，保证良好的采光、照明条件，设置合适的温度和湿度条件，合理安排座位，力求整齐、清洁。

二、办公印章管理

企业在经营活动中会用到各种印章，不同的印章有着不同的用途。企业印章主要包括：企业公章、主要负责人章；企业党委、工会、团委等公章及主要负责人章；企业内部使用的部门章、部门主要负责人章；财务业务专用的财务专用章（现金、银行、转账）、现金付讫章、银行付讫章、发票专用章、内部银行结算专用章和银行预留印章（财务专用章、法定代表人章、财务负责人章）；因工作需要的各类业务专用章，如合同专用章等。

需要特别注意的是，同一类业务在不同岗位（或部门）需要刻制同类印章时，须在印章上编上序号。例如，合同专用章，销售部门和采购部门都需使用。为避免等待印章而造成业务损失，一个企业会刻制多个合同专用章，这样合同专用章上就必须有序号加以区分。

三、文书管理

一般来说，每个企业都有自己的文书管理规范，对公文类型、格式、发文程序等做出明确的规定。

1. 企业公文类别

企业公文类别主要有决定、通知、通报、报告、请示、批复、决议、函、会议纪要、制度、规定、管理办法和工作计划等。

（1）决定。适用于对重要事项或重大行动做出的安排，如任免和聘用人员。

（2）通知。适用于企业转发上级政府部门公文，发布规章制度，传达要求各部门执行的事项。此外，还有事务性通知，常用于向有关部门或员工传达信息或要求。

（3）通报。适用于表彰先进、批评错误、传达重要精神或者情况。

（4）报告。适用于下级部门向上级汇报工作、反映情况、提出意见或者建议、答复上级部门的询问等。

（5）请示。适用于下级部门向上级请求指示、批准。

（6）批复。适用于上级部门答复下级请示事项。

（7）决议。适用于会议讨论通过后，公布、批准重大事项，阐述重要结论。

（8）函。适用于不相隶属的部门之间相互商洽工作，询问和答复问题。

（9）会议纪要。适用于记载和传达会议情况和议定事项。

（10）制度、规定、管理办法。适用于企业明确和规范各项具体工作。

（11）工作计划。适用于进行本年、季、月、周工作安排。

2. 公文格式

公文格式一般包括文件标题、主送单位（领导）、正文、附件、发文单位（单位公章）、发文时间、抄送单位、公文编号、机密等级、紧急程度、阅读范围等项目。

3. 发文程序

发文程序包括拟稿、校对、审核、签发、复印、归档等程序，并要填写发文登记簿。

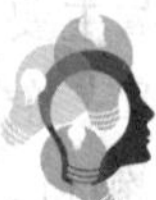

知识巩固

1. 行政事务管理的主要内容有什么？对企业有什么价值？

2. 文书管理有什么基本要求？

第二节　会务外联管理

学习目标

- 1. 掌握企业会议会前准备的基本内容。
- 2. 掌握企业会议会中工作。
- 3. 熟悉企业会议会后工作。

企业的会议一般分为在企业内召开的会议和在企业外召开的会议。在企业内召开的会议，一般都是例会或日常业务会议；在企业外召开的会议，一般都是产品发布会或研讨会等。

一、会前准备

1. 议题及参会人员范围的确定

任何会议都有目标，会前应根据会议目标与会议发起人一起商讨、决定会议的议题和参会人员范围。

2. 会议场所的选定

对于在企业外召开的会议，要在会前确定好会议地点，并详细了解场地的容量、档期、交通情况、费用标准等基本信息。

3. 会议通知的起草

会议通知应包括以下几个方面内容。

（1）会议目的。明确说明举行此次会议要达到的效果。

（2）会议时间。应包括会议的开始时间和结束时间。

（3）会议地点。会议地点应该明确标出，如果会议地点在企业外部，会议通知中应附上会议地点的交通路线示意图。

（4）会议议程。会议内容可分为汇报、通报、研讨、培训等。每项议题应列出该项的汇报人、参会人和主持人。

（5）参会人员。组织会议人员在确定与会人员时，应该在明确会议目的的基础上确定哪些人必须参会，哪些人可参加可不参加。

（6）会议注意事项。会议注意事项包括着装要求、保密要求、会议纪律要求、会议用 PPT 要求等。

4. 会议通知的发送

会议通知要及时发送给参会人员。发送途径包括快递、传真、电子邮件等。对于重要的参会人员，最好以电话方式进行确认。

5. 申报会议预算

依据会议时间的长短及对参会人员情况的确认，做出费用预算。费用预算项目包括会议室费用、住宿费用、餐饮费用、交通费用等。

6. 人员确认

根据会议通知中注明的参会人员名单，确认每位参会人员的住宿、交通（往返）情况。对于外地来开会的人员，要了解其到达及离开的时间，做好接送及住宿的安排。

7. 设备准备

根据会议目的列出会议所需设备清单并进行准备，一般包括投影仪、白板、笔记本电脑、激光笔等。

8. 资源预订

依据会议安排和对主要参会者的征询，对需要的资源进行提前预订，一般包括会议室、住宿、餐饮等。

9. 车辆安排

依据会议议程确定车辆往返的安排。要求明确发车时间、地点、路线，并将安排情况通知车辆管理人员。

10. 会议场地布置与熟悉

事先与会议场地人员联系，保证服务人员及时到位。

所有会议用品需提前运到会场。会议所需设备（投影仪、笔记本电脑、白板、激光笔等）需在会前提前摆放并调试完毕，会议室的灯光、音响、空调也必须在会前准备好并调试好。

此外，还要摆放指路牌，指明会议室及会务组驻地。

二、会中工作

1. 会议室保障

会议的全程要有一名会务人员留在会议室，保障会议的服务工作。每次汇报开始时，要随时关注设备、灯光、室温、音响等情况。要协助汇报人员做好汇报演示文稿的调试及资料分发工作。在会议休息期间，要协助下一名汇报人进行设备调试及资料分发。

留在会议室的会务人员要随时了解会议的进展情况，并及时通知外部会务人员做好日程安排的调整工作。

2. 用餐保障

要结合会议的进程，通知餐厅就餐人数和用餐时间。如果下午有会议议程，午餐应安排为工作快餐。

3. 住宿保障

在所有需要住宿的人员抵达时，要及时提供相应房间的房卡。在晚间要与酒店总服务台设定好次日的叫醒服务时间。

三、会后工作

1. 返程车辆安排

全部会议议程结束后，要做好参会人员返回车辆安排工作。要为外地参会人员安排好前往机场、火车站的车辆。

2. 设备整理归还

在送走所有参会人员后，进行设备的整理工作。返回后，应及时归还所借设备。

3. 费用报销

在会后进行费用报销，并附上会议的费用决算表。

4. 会议纪要

会议结束后，行政部门应负责撰写会议纪要并发给相关人员，会议纪要应准确、真实地反映会议的内容与结论。

5. 会务总结

在工作例会上，进行会务总结。

案例分析

大型国际行业会议的会务管理

在一次大型国际行业会议的组织过程中，会务管理团队面临着诸多挑战，包括与多个国家的参与者沟通、处理复杂的后勤需求以及确保会议内容的质量和多样性。该会议是一年一度的国际行业盛会，预计将吸引来自世界各地的 1 000 多名专业人士参加。会议旨在分享最新的行业趋势和研究成果。

会务团队建立了一个多语言的会议网站和注册系统，为参会者提供了方便的信息获取和注册渠道。会务团队提早进行会务准备，包括场地选择、酒店预订、交通安排等，确保一切符合最高标准。在会后，会务团队及时安排离会返程车辆，将设备归还，整理会务纪要并进行总结。

会议顺利举行，得到了参会者和行业内外人士的广泛好评。多样化的内容安排满足了参与者的不同需求，专业的后勤保障为参会者提供了舒适的会议体验，而多语言沟通平台确保了信息的有效传递。此次会议不仅促进了行业内的交流与合作，也提升了举办方的国际声誉。

知识巩固

1. 会后工作包含几类工作？有什么意义？

2. 请设计一个会议策划方案，会议将在本市召开，为期3天，会议内容为来自全国各地的高技能人才交流新兴领域技术发展趋势。

第三节　档案资料管理

学习目标

- 1. 了解档案管理的工作内容与基本原则。
- 2. 掌握企业文书档案的整理流程与保管方法。

档案资料管理是企业行政管理的重要工作，主要包括档案管理、资料管理、图书管理、企业证书管理等工作，本节重点介绍档案管理。

一、档案管理的工作内容

档案管理的工作内容包括档案收集、档案整理、档案价值鉴定、档案保管、档案统计、档案编目和档案检索、档案文献编纂、档案提供利用。前5项是档案管理的基础业务，后3项是在其基础上对档案信息进行的组织、加工和利用，属于档案信息管理工作。

二、档案管理基本原则

1. 统一领导、分级管理是档案工作的组织原则和管理体制。

2. 维护档案的完整与安全是档案管理的基本要求。

拓展阅读

人工智能在档案管理中的应用

随着人工智能的不断发展，其在档案管理领域的应用正变得越来越广泛，为传统的档案管理带来了创新和高效率。

例如，人工智能可以利用自然语言处理和机器学习，人工智能可以自动识别和分类档案文件中的内容，为其分配合适的标签和索引。这样不仅提高了分类和索引的准确性，也大大提升了工作效率。同时，利用光学字符识别技术，人工智能可以将扫描的纸质文档转换为可编辑和可搜索的电子文本。通过文本分析技术，人工智能能够从大量文档中抽取关键信息和数据，支持决策制定和知识发现。

人工智能技术正逐步改变档案管理的面貌，提高其效率、准确性和可访问性，同时也为档案利用者提供了更加丰富和便捷的服务。

3. 便于企业内部利用是档案管理工作的根本目的。

三、企业档案分类

1. 文书档案

文书档案的具体类别包括以下 4 类。

（1）党群工作类文书档案，包括党务工作、组织工作、宣传工作、纪检工作、工会工作、共青团工作、协会工作等文书档案。

（2）行政管理类文书档案，包括行政事务、治安保卫、审计工作、教育工作、医疗卫生、后勤福利、外事工作等文书档案。

（3）经营管理类文书档案，包括经营决策、计划工作、财务管理、物资管理、企业管理等文书档案。

（4）生产管理类文书档案，包括生产调度、质量管理、能源管理、安全管理、科技管理、环境保护、计量工作、标准化工作、基建管理、设备管理、合同管理等文书档案。

2. 科技档案

科技档案的具体类别包括以下 4 类。

（1）产品文字材料，包括任务书、建议书、协议书、说明书、鉴定书、试验大纲、试验报告、分析报告、审查报告、运行报告、总结报告、产品图样等。

（2）科研文字材料，包括合同（协议书）、任务书、科研报告、调查报告、开题报告、实验报告、鉴定证书、发明申请书等。

（3）基建文字材料，包括建议书、任务书、计算书、开工报告、概（预、决）算、检验分析材料、施工图样等。

（4）设备文字材料，包括申请书、说明书、技术规程、维护保养规程、设备图样等。

3. 财务档案

财务档案包括会计原始凭证、会计报表、借据、书面证明材料、分析报告等。

4. 人力资源档案

人力资源档案包括员工的受教育情况及工作经历、政治面貌、薪资情况、绩效考核情况、工作岗位变动情况、参加培训情况等材料。

5. 电子与声像档案

主要是用磁盘、光盘或固态硬盘存储的数字化档案，包括电子文本、源代码、音频、视频、图片资料，用磁带存储的录音、录像资料，还包括照片、缩微胶片等。

四、文书档案的整理流程

文书档案是行政人员接触最多的档案类型，以下介绍此类档案的整理流程。

1. 收集

收集齐全、完整的原始资料，归档文件材料应包括上下级文件材料、本机构文件材料和同级机构文件材料。

2. 分类

对档案进行分类整理，便于日后的查询和使用。常用的分类方法有简单分类法和复式分类法。

（1）简单分类法

1）年度分类法，如按照2023年、2024年等进行分类。

2）组织机构分类法，如按照财务部、采购部、人力资源部等进行分类。

3）专题分类法，如按照安全生产、养老等进行分类。

4）保管期限分类法，如按照5年、10年、20年、永久进行分类。

（2）复式分类法

1）年度—组织机构分类法，即以年度为第一级类目，机构为第二级类目。如2023年办公室档案、2024年生产部档案。

2）年度—问题分类法，即以年度为第一级类目，问题为第二级类目。

3）年度—保管期限分类法，即以年度为第一级类目，保管期限为第二级类目。

4）组织机构—年度分类法，这种方法适用于单位内部组织机构比较稳定的单位。

3. 装订

采用线装结合袋装的形式。袋装是将金属物排除后，把文件放入牛皮纸袋中。对于较厚的文件，可以线装（三孔一线）后放入牛皮纸袋中。

4. 排列

在同一保管期限下，遵循文件的形成规律，按照“文件的生成结果在上”的原则进行文件排列。例如，发文与定稿为一件，发文在前；正文和附件为一件，正文在前；请示与批复为一件，批复在前；转发件和被转发件为一件，转发件在前；原件和复制件为一件，复制件在前。

5. 盖章编号

归档文件应按照排列次序逐件编号，在文件右上角空白部分加盖归档章。归档章设置卷宗号、年份、保管期限、室编件号、馆编件号、机构或问题6个部分。注意：编件号应是连续排序，中间不能有遗漏。

6. 编写页码

可以在每页的右下方编写页码，按顺序编写。需要注意的是，如果一张纸正反面都有内容的话，应该编写为两页。另外，在第一页可以注明每件的总页码，方便计算机著录。

7. 计算机著录

计算机著录就是把有关的信息输入专用的档案管理计算机中，录入的信息应尽量详尽、准确。归档文件目录一般设置有题名、文件编号、责任者、密级、保管期限、时间、载体数量、载体单位、备注等内容。

8. 打印目录与装盒

打印目录就是按顺序打印归档文件目录，归档文件目录应一式两份。每盒目录应放在文件最上面，以便查找盒内文件。装盒是将归档文件按一定顺序装入档案盒，填写备考表，编制档案盒封面及盒脊。不同年份、不同保管期限的文件不能装入同一档案盒中。备考表应放在所有归档文件之后，用以对盒内归档文件进行必要的注释说明。

五、档案的保管

档案馆（室）负责对档案进行系统存放和安全保护工作，其基本任务是维护档案的完整与安全，便于调用和利用。对于企业来说，一般都要有一个专门的库房用于档案的保管。

1. 档案库房管理

要建立完善的档案库房管理制度，配备必要的防护设备，合理调节和控制温度、湿度，做好防火、防盗、防尘、防霉等工作，保持档案的整洁、有序、安全无损。

2. 档案排架

可视不同情况分别采取分类排架和流水排架，也可以分类、流水综合排架。

3. 档案调出和归还

档案的调出和归还都应逐卷点交清楚，办理手续。用完的档案要归还原位。

4. 档案检查

对于馆藏档案的状况应定期进行检查，必要时可临时进行部分检查，着重检查档案是否短少以及每件档案的完好状况，检查时要逐卷进行，要做出详细记录并出具正式报告。

知识巩固

1. 档案管理对企业有什么意义？文书档案分为几类？

2. 档案应该如何保管？有哪几种方法？

第四节 后勤服务管理

学习目标

- 1. 了解采购与资产管理的基本内容。
- 2. 掌握员工食堂及宿舍管理的特点与模式。

一、采购与资产管理

1. 固定资产和低值易耗品的界定

根据资产的价值和使用年限，资产可以划分为固定资产和低值易耗品两类。

（1）固定资产。单位价值比较高，或使用年限超过1年以上的有形资产，如计算机、办公家具、汽车等。

（2）低值易耗品。单位价值比较低，且使用期限一般在1年以下的各种用品，如劳动防护用品和办公用品等。

2. 资产的购置

（1）固定资产的购置。固定资产的购置由企业各需求部门提出采购要求，报行政部门审核，行政部门根据现有资产情况，判断是否同意购置或直接从其他部门调拨。如需采购，由行政部门报企业总经理审批后，由负责人员执行采购。

（2）低值易耗品的购置。企业各部门根据工作需要，上报次月所需低值易耗品（名称、规格、数量等），经行政部门审核、汇总后，由负责人员进行统一采购。

3. 资产的验收

（1）固定资产的验收。采购的资产由行政部门负责验收。如果发现物品与采购要求不符，或者物品质量存在明显问题，应要求供应商进行物品调换，否则不予入库。

（2）低值易耗品的验收。由行政部门依据物品采购明细表进行验收，详细核对品名、规格、数量、金额，检查商品质量。对验收合格的物品填写入库单，记入库存；对验收不合格的物品应进行调换。

4. 资产的发放

（1）固定资产的发放。行政部门发放固定资产时，领用人须分别在出库单和物品领用明细表上签字确认。在使用过程中因保管不善或其他人为因素造成固定资产遗失、失窃或损坏的，使用人须按规定赔偿。

（2）低值易耗品的发放。行政部门发放低值易耗品时，领用人须分别在出库单和物品领用明细表上签字确认。

使用人离职时，须归还所有办公资产，经相关负责部门核实、确认后方可办理离职手续。

5. 资产的报废

（1）固定资产的报废。经专业人士确认固定资产已无法维修或维修费用超过资产原值时，可申请报废并办理相应手续。

（2）低值易耗品的报废。低值易耗品经使用部门负责人同意，行政部门审批后可报废。

6. 盘点和检查

企业和各部门的资产管理人员要定期对所管辖范围内的资产进行盘点和检查，及时发现使用中的问题，并予以纠正和处理。

二、员工食堂管理

1. 员工食堂特点

与经营性质的餐饮企业不同，员工食堂属于企业内部服务部门。员工食堂有 3 个特点：非营利性、品种多样性和服务性。

2. 员工食堂管理的模式

要让员工全身心地投入生产工作之中，提供满意的膳食是非常重要的一个方面。企业员工食堂服务的好坏，会直接影响员工工作的积极性和对企业的归属感，从而影响企业的经济效益。为提供满意的膳食，企业可以根据实际情况采用自办或外包的员工食堂管理模式。

案例分析

某 IT 企业的食堂管理

某知名 IT 企业通过改善员工食堂的环境和饮食质量来提升员工的满意度和工作效率。该企业请专业的餐饮团队来管理食堂，确保食物的多样性和营养均衡。同时设计舒适的用餐环境，提供定制化的餐饮服务，以满足不同员工的需求和偏好。

该企业将食堂作为展现公司文化和增强团队凝聚力的平台。通过组织各种主题的美食活动或传统节日庆祝活动，企业不仅能够提升员工的幸福感，还能加强员工之间的交流和合作意愿。

综上所述，此种食堂管理的方法显著提升了员工的满意度和工作效率，同时促进了员工间的交流与合作，强化了团队凝聚力。这种管理不仅体现了企业对员工福利的重视，还有助于塑造积极的企业文化和形象，经济、高效地满足员工的饮食需求，同时为企业吸引和保留人才提供有力支持。

3. 员工食堂管理的主要内容

（1）计划管理。计划管理是员工食堂管理的关键环节，主要是指针对采购、销售等环节制订计划，使食堂各个部门的工作协调起来，按照各自的计划分工合作，有条不紊地完成任务。

（2）卫生管理。食堂卫生情况关系到就餐人员的身体健康，进而影响企业工作任务的顺利完成。员工食堂的卫生管理主要包括食品卫生管理、个人卫生管理、厨房卫生管理、餐厅卫生管理，以及用具清洁管理等几个方面的内容。

（3）原材料管理。原材料管理一般包括原材料的采购、保管、领用、加工等环节。食堂的每一道工序都离不开原材料，企业员工食堂的原材料管理关系到食堂供应的数量、质量，同时也影响着食堂的经营成本和饭菜销售价格。

（4）价格管理。食堂的价格管理必须按质论价，对食品的成本要进行认真核算，制定合理的价格。一般应做到价格合理稳定、质价相称。

（5）质量管理。食堂的质量管理主要包括食品质量管理、配套服务质量管理、工作人员的服务质量管理。

三、员工宿舍管理

宿舍管理是企业后勤服务管理的一部分。员工宿舍关系到员工的起居和日常生活，体现了企业对员工的关心。员工宿舍管理的好坏，会影响员工的休息质量与心情，也会直接影响员工的工作效率。

1. 员工宿舍的分类

员工宿舍是由企业建设或提供，由企业行政部门负责管理的企业员工住宅，一般有以下 3 种类型。

（1）单身集体宿舍。单身集体宿舍一般是为未婚的员工和家住外地的员工准备的宿舍，主要由企业出资兴建、统一管理，免费提供或以较低的房租提供给员工使用。也有的企业把集体宿舍办成公寓式住宅租给单身员工。

（2）倒班宿舍。倒班宿舍主要是指企业为因工作关系不方便回家或在家里得不到正常睡眠、休息或家距离企业较远的员工准备的宿舍。例如，经常上夜班的员工、三班倒的员工和路程较远的员工，一般在上班前和下班后都需要休息，又不能很方便地在家休息，企业就为其提供免费的睡眠休息宿舍，这种宿舍一般称为倒班宿舍。

（3）员工家属住宅。员工家属住宅一般是指由企业统一建设或者购买，提供给企业员工和家属居住的住宅。它由企业的后勤部门组织专门人员统一服务和管理，并且能提供良好的生活设施、服务设施、娱乐设施、休息场所及其他配套设施。

2. 员工宿舍安全管理要求

（1）健全和严格执行各项规章制度。建立健全员工宿舍的各项规章制度并严格执行。例如，加强门卫管理，建立会客来访登记制度；做好交接班记录；防止偷盗抢劫、打架斗殴、酗酒滋事、赌博吵架、卖淫嫖娼等事件的发生。

（2）定期进行安全教育。对员工宿舍的服务人员、住宿人员定期进行安全教育，尤其是宿舍电气工、锅炉工等要进行专业安全技术培训，持证上岗。定期检查安全责任制落实情况，定期检查机电设备和建筑设备的安全使用情况，发现隐患及时排除。

知识巩固

1. 采购与资产管理主要有哪几个步骤？

2. 企业员工宿舍如何分类？员工宿舍安全管理有哪些要求？

第十章

企业文化与责任

在这个充满挑战与机遇的时代，企业不仅是经济活动的参与者，也是社会文化发展的推动力。本章将深入探讨企业文化的重要性、建设策略以及企业如何在追求商业成功的同时承担社会责任。积极的企业文化不仅能激发员工潜力，提升团队效率，还能吸引人才，塑造品牌形象。同时，企业社会责任的实践显示了企业对社会福祉、环境保护的关注，这不仅赢得了社会的尊重和信任，也为企业的长远发展奠定了基础。通过本章内容，我们将了解到通过文化引领和社会责任实践，企业如何促进自身与社会的共同进步。

第一节　企业文化概述

学习目标

- 1. 掌握企业文化的概念与理论模型。
- 2. 认识企业文化形象识别系统的主要组成成分。

一、企业文化的概念与理论模型

1. 企业文化的概念

企业文化是企业为解决生存和发展问题而逐步形成的，为企业全体成员普遍认可和共同遵循的价值观念和行为规范的总称。它包括文化观念、企业精神、价值观念、经营准则、经营作风、道德规范、企业制度、行为准则、文化环境等。其中，价值观念是企业文化的核心。

2. 企业文化的“洋葱模型”

可以用洋葱来类比企业文化理念各层次概念的关系。“洋葱模型”将企业文化分为物质、制度和精神 3 个层次。各层次紧密联系、相互作用。

（1）表面层的物质文化（物质层）。物质文化作为企业外在形象的实体的物化层文化，又称为企业的“硬文化”，包括厂容厂貌、企业标识、厂歌、文化传播网络、设施环境、机械设备、产品造型、产品外观、产品质量等。

（2）中间层的制度文化（制度层）。制度文化即企业管理制度、规章、行为规范、条例、体制和组织机构，是用来规范公司人、事、物的行为手段与方式，又称为强制性文化。

（3）核心层的精神文化（精神层）。精神文化是存在于企业全体员工心中的企业精神，也称为企业“软文化”。精神文化是在企业中形成的共同价值观念等，包括企业精神、企业核心价值观、企业伦理、经营管理思想、职业道德、职工素质和企业传统等。

精神文化主导企业文化的发展方向和模式，为企业物质文化和制度文化提供思想基础。制度文化约束和规范精神文化和物质文化的建设。物质文化为制度文化和精神文化提供物质基础，是企业文化的外在表现和载体。企业文化的“洋葱模型”如图 10-1-1 所示。

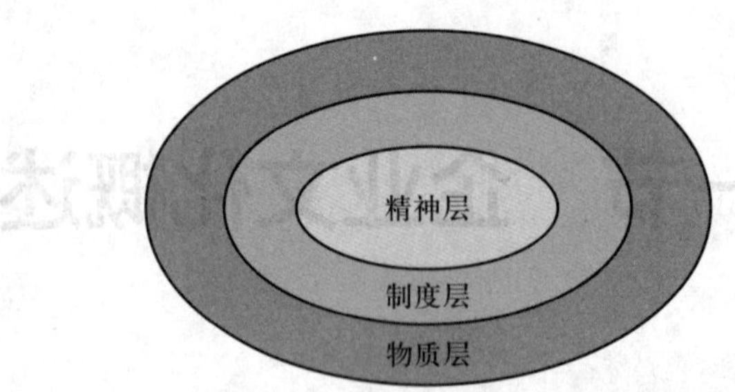

图 10-1-1　企业文化的“洋葱模型”

二、企业文化的形象识别系统

企业文化内容中能看得见、摸得着的部分是企业形象，企业形象是企业文化在传播媒介上的印象。企业员工和广大消费者是通过企业形象来认知企业文化的。

1. 理念形象

理念形象主要包括企业使命、愿景、企业价值观、经营宗旨、经营战略、经营方针、企业精神、行为准则等。

2. 行为形象

行为形象主要包括企业行为规范、政策和制度等，分为内部和外部两部分。企业内部的组织、管理、教育培训、福利制度、行为规范、工作环境、开发研究等都是行为形象的组成部分，企业外部的市场营销、公共关系、公益活动等也是行为形象的组成部分。

3. 视觉形象

视觉形象是以标志、标准字、标准色为核心展开的完整的、系统的视觉表达体系，将企业文化中的抽象概念转化为具体符号，塑造出独特的企业形象。其中基本要素包括企业名称、企业标志、标准字、标准色、象征物、宣传口号等；基本应用包括产品特色、产品包装、产品造型、纪念性建筑、办公用品、厂服、厂旗、厂歌、厂徽、各类设施、纪念品、陈列展示，以及企业文化传播网络、报纸、刊物等。

在企业识别系统中，理念形象、行为形象和视觉形象是一个互为关联、相互促进的整体。理念形象是企业的“心”，是将人的理念、企业的经营理念共识化；行为形象是企业的“手”，是企业对内、对外的行为识别系统；视觉形象是企业的“脸”，是视觉传播系统，也就是企业的形象识别体系。理念形象是企业识别的核心，行为形象、视觉形象是理念形象的具体体现。一个良好的企业形象是企业的无形资产，是企业竞争取胜的利器。

知识巩固

1. 企业文化的概念是什么？对企业有什么价值？

2. 请用一张图表绘制理念形象、行为形象与视觉形象的关系。

第二节 企业文化建设

学习目标

- 1. 掌握企业文化组织建设的评价方法。
- 2. 了解如何提炼企业理念形象，建立企业行为形象，设计企业视觉形象。

一、企业文化组织建设评价

传统的科学管理法或层级制的管理只能约束员工的行为，不能赢得员工的心。强有力的组织文化，却能成为激发员工积极性、使员工全心全意工作的主要动力。现代企业文化建设问题的焦点集中在如何建立有指导性意义的企业文化框架、评价框架，以获取自身文化现状与未来发展状态之间的差距，以及如何有效测量这种差距，并不断修正企业文化。

1. 理想企业文化的特征

丹尼尔·丹尼森（Daniel Denison）认为，理想企业文化的特征包括外部适应性、内部整合性、灵活性和稳定性，如图 10-2-1 所示。

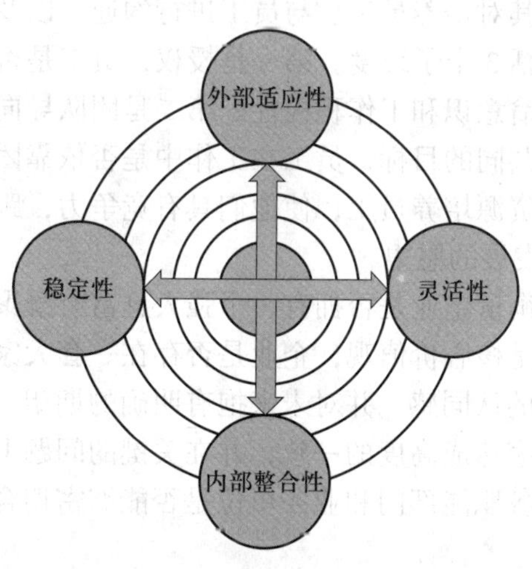

图 10-2-1 理想企业文化的特征

2. 企业文化的丹尼森模型

20 世纪 80 年代初，丹尼森教授对大量企业业绩数据进行了研究分析，这项研究的成果被浓缩在丹尼森组织文化模型中。丹尼森组织文化模型是目前衡量企业文化最为有效、实用的模型之一，如图 10-2-2 所示。

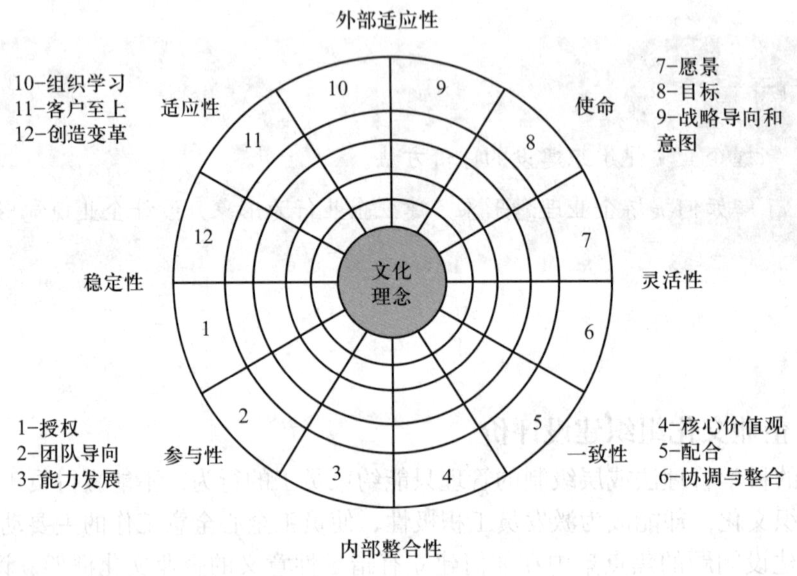

图 10-2-2　丹尼森组织文化模型

丹尼森组织文化模型采用了相对容易测量和使用的方法来研究企业文化，模型中的 4 个区域均为 90° 扇形区域，每个区域又被细分为 3 个维度。各区域及维度的定义如下。

（1）参与性，涉及员工的工作能力、主人翁精神和责任感的培养。企业在这一文化特征上的得分反映了其对培养员工、与员工进行沟通，以及使员工参与并承担工作的重视程度。参与性包括 3 个子维度。第一是授权，员工是否真正获得授权并担负责任，他们是否具有主人翁意识和工作积极性。第二是团队导向，企业是否重视并鼓励员工互相合作，以实现共同的目标，员工在工作中是否依靠团队力量。第三是能力发展，企业是否不断投入资源培养员工，使他们具有竞争力，跟上业务发展的需要，同时满足员工不断学习和发展的愿望。

（2）一致性。用以衡量企业是否拥有一个强大且富有凝聚力的内部文化。一致性包括 3 个子维度。第一是核心价值观，企业是否存在一套大家共同信奉的价值观，从而使企业员工产生强烈的认同感，并对未来抱有明确的期望。第二是配合，领导者是否具备足够的能力让大家达成高度的一致，并在关键的问题上调和不同的意见。第三是协调与整合，企业中各职能部门和业务单位是否能够密切合作，部门或团队的界限会不会变成合作的障碍。

（3）使命。这一文化特征有助于判断企业是一味注重眼前利益，还是着眼于制订系统的战略行动计划。成功的企业往往目标明确、志向远大。使命包括 3 个子维度。第一是愿景，员工对企业未来的理想状况是否达成了共识，这种愿景是否得到企业全体员工的理解和认同。第二是目标，企业是否详细认真地制定了一套与使命、愿景和战略紧密相关的目标，可以让每位员工在工作时参考。第三是战略导向和意图，明确的战略意图展示了企业的决心，并使员工知道应该如何为企业的战略做出自己的贡献。

（4）适应性。主要是指企业对外部环境（包括客户和市场）中的各种信号迅速做出反应的能力。适应性包括3个子维度。第一是组织学习，企业能否将外界信号视为鼓励创新和吸收新知识的良机。第二是顾客至上，善于适应环境的企业凡事都从顾客的角度出发。企业是否了解自己的顾客，使他们感到满意，并能预见顾客未来的需求。第三是创造变革，企业是否惧怕承担因变革而带来的风险；企业是否会仔细观察外部环境，预见相关流程及步骤的变化，并及时实施变革。

3. 企业文化提炼的基本步骤

（1）组建企业文化提炼小组。

（2）进行企业内外部调研与分析。

（3）提炼企业文化核心理念。科学、艺术地归纳、总结企业的愿景、使命、企业精神、企业理念、企业口号等。

（4）编制制度与行为规范。依据已提炼出的企业文化核心理念与企业的实际需求，设计企业行为规范，包括员工行为规范、服务规范、生产规范、危机处理规范、典礼、仪式等，基于文化理念的要求对现有制度进行评审。

（5）统筹规划企业文化的外在呈现形式。进行企业形象系统规划时，要符合行业特点，具有高识别性、艺术性等。

二、提炼企业理念形象

企业理念形象是企业文化的核心，是形成制度文化、物质文化的基础，反映了企业的信仰与追求，在对内统一思想、凝聚和激励人心、产生心理约束和行为导向，对外树立良好的企业形象、形成积极的社会影响等方面发挥着至关重要的作用。

1. 提炼企业理念形象的步骤

第一步：资料研究。对企业所处行业的特点、企业发展历史、企业战略、企业家个性等进行研究；提炼出行业的关键成功因素、企业过往发展过程中的优秀基因、支持企业战略的价值观和理念、企业家的个性原因等影响企业发展的重要因素。

第二步：问卷调查。通过对企业员工进行问卷调查，从员工角度了解企业目前的企业文化现状和存在的问题，同时了解员工对企业文化的诉求。

第三步：员工访谈。基于员工问卷调查结果，对其中的细节问题进行进一步的调研。

第四步：企业文化审计报告。根据资料研究、访谈和调查的结果，撰写企业文化审计报告，从不同维度分析企业文化存在的问题。

第五步：企业理念形象提炼会议。集合企业所有中高层管理人员进行封闭式会谈，会议气氛轻松开放，所有人各抒己见，最后提炼出大家一致认同的企业理念形象。

第六步：企业理念形象修订及文字描述。对总结提炼出的企业理念形象进行诠释和润色，将内容编写成册。

2. 企业理念形象的内容

企业理念形象是企业的精神核心，包括以下 7 项内容。

（1）经营理念，包括企业经营的意义、经营宗旨、经营方向、企业盈利及对社会承担的责任等。

（2）文化建设，包括企业精神和企业核心价值观的确立，物质文化、精神文化和制度文化。

（3）发展战略，包括企业成长战略、市场战略、竞争战略、人才资源战略、产品质量战略等。

（4）管理原则，包括在人力资源、生产、财务等管理中体现出的管理原则。

（5）经营原则，包括创新原则、服务原则、用户至上原则、盈利原则等。

（6）企业伦理，指企业道德、企业伦理准则的制定和执行情况，反不正当竞争和反腐败的执行情况。

（7）企业口号，是企业精神层面的浓缩，应全面体现企业的个性因素。

三、建立企业行为形象

企业行为形象包含每个员工个体的语言、行为以及组织的言行。如果把视觉形象比作企业文化的表，理念形象则是内在的质，一个内外兼修的企业，它的行为形象肯定是彬彬有礼的。企业只有具备与众不同的、良好的行为识别系统，才能给公众留下美好的印象，使人们看到企业的标识时就会联想到企业的与众不同。

建立企业行为形象，首先要把企业文化理念融合到制度和行为规范之中，让员工有章可依；其次要通过宣传和培训，使得规章制度和行为规范扎根到员工心中，扎根到消费者心中；最后是把企业文化理念转变为员工的日常行为。

1. 企业行为形象的内容

（1）企业制度设计，一般来说，企业的制度包括分配制度、奖励与惩罚制度、教育培训制度、职代会制度、各级对话制度、评议制度、选举制度、访问制度等。制度的设计要求科学、合理、公平、公正，能够做到责任纵向逐级到位，横向互相保证，考核主动严格。

（2）企业行为规范设计，包括员工仪表仪容、岗位纪律、工作流程、接待程序、环境与安全、素质与修养规范等。

（3）企业风俗设计，包括典礼、仪式、行为习惯、节日活动等。

2. 企业行为形象的实施

（1）规章制度与行为规范。规章制度和行为规范决定员工的做事方法和规则，把企业文化理念融入其中，会使企业获得最有力的推广工具，使员工有章可依。

（2）日常工作与决策。企业的理念必须随时反映到企业的日常工作和决策中来。

（3）树立典范。企业的整体及各个部门内部都应有员工可以学习的榜样，以培育员工的荣誉心和责任感。

（4）典礼与仪式。举办各种典礼、仪式或集体活动，使企业的文化理念通过活动更加丰富、生动地展现出来。

（5）建立传播渠道。正式的传播渠道包括企业报刊、布告栏、员工座谈会、公告、函件、意见箱、培训活动等，非正式的渠道包括员工活动、人际交流等。

（6）教育培训。重视对员工的教育培训，安排企业文化课程，传播企业文化理念和行为规范要求。

3. 企业行为形象的维护

（1）内部维护

1）企业生产环境营造。建设健康、文明的生产环境，树立环保意识、可持续发展意识和生态意识。

2）企业人文环境营造。开展文化娱乐活动，创造员工身心健康、积极向上、团结互助的人文环境。

3）管理人员教育，包括政策理论水平教育、法治教育、廉政教育等。

4）员工教育，包括企业员工的行为规范教育、精神文明教育、服务意识教育、文化知识提升教育、工作技能教育等。

5）文明礼仪，包括职业道德、仪容仪表、行为举止礼仪等。

6）竞争方式，包括开拓进取的竞争精神、公平的竞争意识、积极主动的主人翁精神和参与意识等。

（2）外部维护

1）外部调研，包括产品调研、消费者调研、市场潜力调研、市场发展调研等。

2）公共关系，包括企业与政府、与社区、与其他企业之间的关系。

3）宣传广告与促销活动，包括商品推销广告和企业形象广告，建立和提高企业及其产品的知名度、信誉度和美誉度，建立与顾客的信息沟通网络。

4）服务质量管理，包括立体化、多层化、全过程、全方位的顾客服务。

5）参与公益事业，包括参与社会公益事业、文化教育事业，以及其他公益活动。

四、设计企业视觉形象

企业视觉形象相当于企业的衣服，是以标志、标准字、标准色为核心展开的完整的、系统的视觉表达体系。视觉形象将企业文化、企业理念、业务内容、企业规范等抽象的概念转换为具体的、可记忆的、可识别的形象符号，从而塑造出排他性的企业形象。每个企业的视觉形象都是独特的，顾客和市场通过看见企业的视觉形象来感受其行为形象，最后感知其理念形象，这个过程和企业文化建设的过程是逆向的，因此，企业一定要首先确立符合理念形象的视觉形象识别系统。具体来说，视觉形象系统包括基本要素系统和应用系统两个部分。

1. 基本要素系统

基本要素系统包括标志、标准字、标准色、标志和标准字的组合、企业象征（卡通形象）等。

2. 应用系统

（1）产品形象设计，包括开发设计、材料选择、商标注册、包装装潢、售后服务等，产品形象是消费者心中最直接、最感性化的企业形象。

（2）企业外部建筑环境，包括建筑造型、企业门面、企业招牌、企业旗帜、公共标识牌、路标指示牌、广告塔、霓虹灯广告、庭院美化等。

（3）企业内部建筑环境，包括室内装潢、办公场所环境、生产线环境、常用标识牌、企业形象牌、广告牌等。

（4）办公用品，包括信封、信纸、便笺、名片、文件夹、账票、备忘录、资料袋等，应有统一的规格、标识。

（5）印刷品，包括企业简介、产品简介、产品说明书、年历等。

（6）服装服饰，包括管理人员制服、员工制服、礼仪制服、文化衫、识别证等。

（7）广告媒体，包括电视广告、杂志广告、报纸广告、网络广告、路牌广告、招贴广告等。

（8）陈列展示，包括橱窗展示、展览展示、货架展示等多种形式。

（9）公务礼品，包括赠送顾客的文化衫、领带、领带夹、钥匙扣、雨伞、纪念章、礼品袋等。

五、企业文化推广

1. 传统推广手段

企业文化传统推广手段包括平面媒体，如报纸、杂志等；视频媒体，如电视、电影、公交地铁视频、楼宇多媒体等；网络媒体，如企业网站、邮件等；户外推广，如派发宣传页、悬挂展示条幅、开展推广活动、发布指示牌广告等。

2. 互联网推广手段

互联网推广就是以互联网为基础，利用数字化的信息和网络媒体的交互性来实现推广宣传的目的。互联网推广常见的平台有 9 类，根据层次不同、重要性不同可以归纳成 3 个阵营。

（1）第一阵营平台是较为基础的、通用的互联网推广平台，包括微信平台、微博平台、问答平台和百科平台等。微信平台，包括微信公众号、微信个人号、微信群、微信广告资源等。微博平台，包括微博企业自媒体和微博广告资源。问答平台，常用问答平台有知乎、360 问答等。百科平台，常用的百科平台有百度百科、360 百科、互动百科等。

（2）第二阵营平台是面向特定群体的互联网音视频推广平台，包括直播平台、视频平台和音频平台等。

（3）第三阵营平台是具有原生特点的内容生产与推广平台，包括自媒体平台、论坛平台等。

知识巩固

1. 理想企业文化的特征是什么？企业文化提炼的基本步骤是什么？
2. 企业文化的核心是什么？如何提炼？
3. 企业行为形象包含什么内容，应该如何维护？

第三节 企业社会责任

学习目标

- 1. 了解企业社会责任的概念与其必要性。
- 2. 掌握企业社会责任的体现载体。

一、企业社会责任的概念

企业社会责任是指企业在追求经济利益的同时，还应考虑对员工、社区和环境的影响，积极承担起促进社会福利和保护环境的责任。它强调企业在其经营活动中，应超越法律要求，主动承担起对社会和环境的责任。

案例分析

某咖啡连锁企业的社会责任

某咖啡连锁企业的企业文化强调“人文关怀、服务、质量”，这不仅体现在其为顾客提供高品质咖啡和服务上，也体现在其对员工的关怀以及对社会责任的积极履行上。

该公司致力于减少环境影响，实施了包括使用可再生资源、提倡回收和减少废弃物在内的多项环保计划。例如，该公司承诺到2025年实现可再生能源100%供应其全球门店，并推广可重复使用杯子以减少一次性塑料杯的使用。

同时该公司通过“全球月度志愿服务”和“社区商店计划”等项目，鼓励员工和顾客参与社区服务和慈善活动。该公司每年都会组织成千上万的员工参与各种社区服务项目，如环境清理、为弱势群体提供援助等。

该公司的这些实践显示了企业文化不仅是内部管理的一部分，更是企业履行社会责任、积极参与社会公益活动的动力。通过这些活动，该公司成功地将自身的商业利益与社会福祉紧密结合起来，体现了一种负责任的企业公民的形象。

二、企业承担社会责任的必要性

1. 企业对于实现社会长远目标的义务

企业通过承担社会责任，不仅可以促进经济利益的实现，还能够推动社会的可持续发展。这包括提高就业率、促进社会稳定以及支持教育和公共福利等。企业的长期成功与社会的健康发展密切相关，因此，企业有义务支持社会长远目标的实现。

2. 企业管理道德的要求

在现代商业实践中，企业的道德行为和社会责任感成为衡量其品牌价值和企业声誉的重要因素。通过积极履行社会责任，企业不仅可以树立正面的社会形象，还能够吸引更多的顾客、投资者和优秀人才。企业管理的道德要求促使企业在追求利润的同时，也要考虑其行为对社会和环境的影响，确保其经营活动能够得到社会的广泛认可和支持。

三、企业社会责任的体现

1. 丰富社会的物质和文化生活

企业通过提供高质量的产品和服务，参与社会和文化活动，为社会成员提供更多的物质和精神享受。此外，企业还可以通过赞助文化艺术展览、体育赛事和教育项目等，丰富社区的文化生活。

2. 经营管理行为符合道德规范

企业应确保其所有经营活动和管理决策遵守道德规范和业界最佳实践。这包括维护公平竞争、保护消费者权益、尊重员工权益以及诚信经营。

3. 社区福利投资

企业可以通过投资教育、公共卫生、社区建设和基础设施改善等项目，直接改善社区居民的生活质量。这些投资不仅有助于建设和谐社会，还能增强企业与社区的联系。

4. 社会慈善事业

企业可以通过捐赠资金、产品或服务，支持慈善机构和非营利组织，帮助解决社会问题。

5. 保护自然环境

在日常运营中，企业应采取措施减少环境污染和资源浪费，如使用可再生能源、减少废弃物产生和实施绿色供应链管理等，致力于保护自然环境，支持全球的可持续发展目标。

四、当代企业的社会责任与道德问题

在当代社会，企业面临着越来越多的社会责任和道德挑战，如环境污染、劳动者权益保护、公平交易等。企业在全球化背景下，应更加注重其社会责任的履行，通过自身行为积极贡献于社会和环境的可持续发展。这要求企业在策略规划和日常运营中，充分考虑其行为对社会和环境的影响，主动采取措施以解决相关的社会责任和道德问题。

知识巩固

1. 企业社会责任的概念是什么？

2. 当代企业应该承担哪些社会责任？